金梧桐

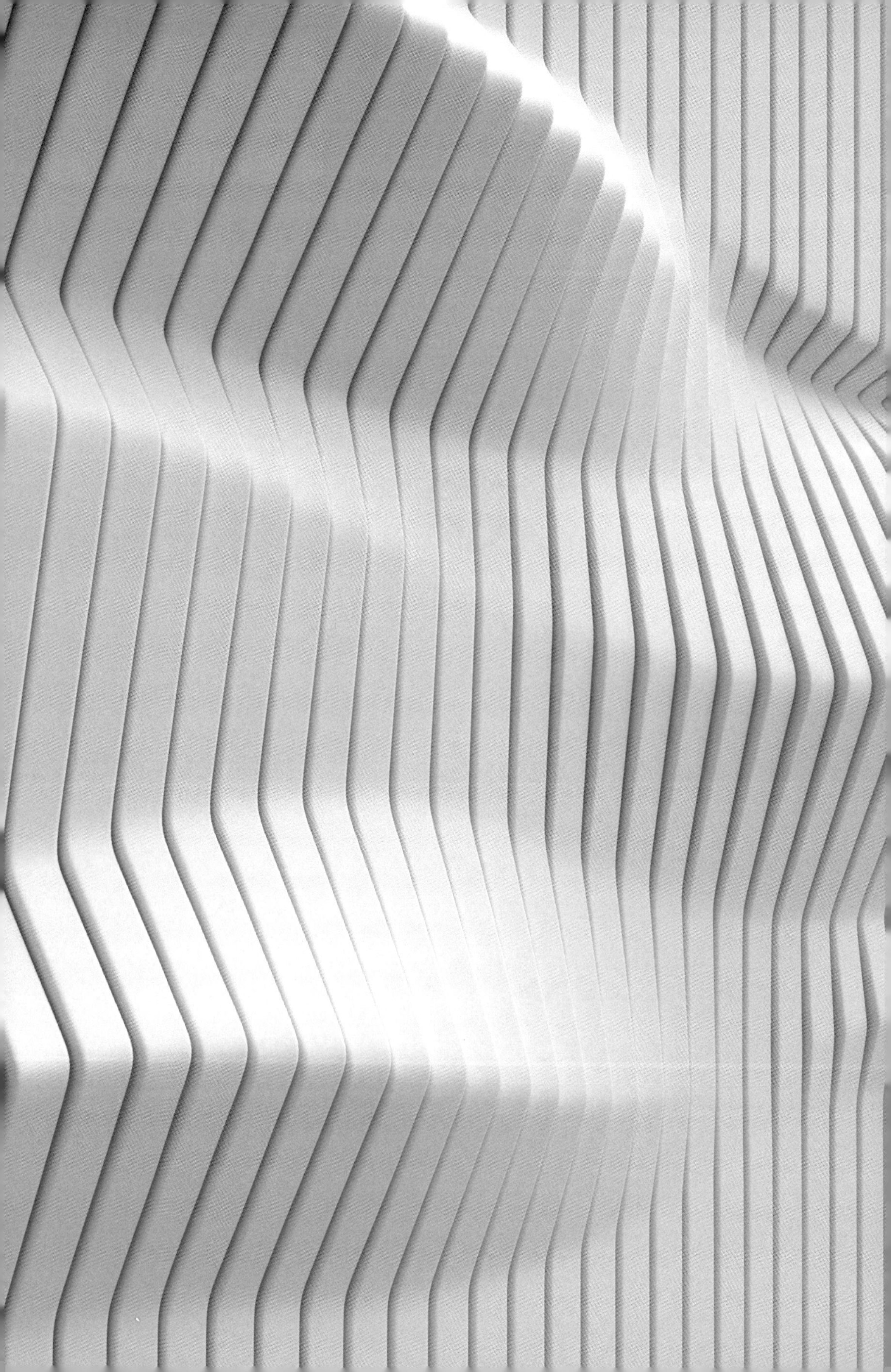

教师精进法则

吴松超 著

中原出版传媒集团
中原传媒股份公司

大象出版社
·郑州·

图书在版编目(CIP)数据

教师精进法则／吴松超著. — 郑州：大象出版社，
2024.9
ISBN 978-7-5711-2148-8

Ⅰ.①教… Ⅱ.①吴… Ⅲ.①中小学-师资培养-研究 Ⅳ.①G635.12

中国国家版本馆 CIP 数据核字(2024)第 057125 号

教师精进法则

JIAOSHI JINGJIN FAZE

吴松超　著

出 版 人	汪林中
责任编辑	梁金蓝
责任校对	张绍纳　牛志远
装帧设计	王　敏

出版发行 大象出版社（郑州市郑东新区祥盛街 27 号　邮政编码 450016）
　　　　　发行科 0371-63863551　总编室 0371-65597936
网　　址 www.daxiang.cn
印　　刷 郑州市毛庄印刷有限公司
经　　销 各地新华书店经销
开　　本 720 mm×1020 mm　1/16
印　　张 16.75
字　　数 244 千字
版　　次 2024 年 9 月第 1 版　2024 年 9 月第 1 次印刷
定　　价 46.00 元

若发现印、装质量问题，影响阅读，请与承印厂联系调换。
印厂地址　郑州市惠济区新城办事处毛庄村南
邮政编码　450044　　　　电话　0371-63784396

教师高效成长的秘密

中小学教师专业成长今天已备受重视。一个情况是，从国家到省市对教师培训投入大量的资金、人力；一个现象是，各个层级的名师工作室遍地开花。

课程方案和课标解读、课堂教学、教材使用、师生关系、学生管理、信息技术、心理健康……从理念到方法，教师得到全方位的成长引领。

教师成长能得到外部环境这样多的支持条件是好事，不过根据多年的观察，我认为教师成长更重要的是自我生命力量的激活，内在精神朝向与认知模式的转换。

自我生命力量的激活，有一个关键表现，即教师会自我省思一个问题：自己要做什么样的教师？这是教师成长最重要的问题，却可能是最容易忽视的。

你有一辆加满油的豪车，上面有先进的导航系统，可心中若没有向往的地方、想见的人，旅程有何意义？除了兜风，又能有多大乐趣呢？

想清楚自己要做什么样的教师，不管对于教学业务的精进，还是自己作为有着教师职业的人的幸福人生，都意义重大。这是职业理想，也是教育理想，更是人生理想。

常听教育专家"教师要有自己的思想"的教诲。如何有思想？其源头就在自己要做什么样的教师的思考。教师的教育思想会在这个教育理想的路径探寻、研究实践之中得以积淀与构建。

内在精神朝向与认知模式的转换，是指教师要成为自己成长的自我主导者。比如，不是培训主办方或工作室主持人要求我们学习什么理念，提升何种教育教学能力，而是教师能够在自己教育理想的导引下，懂得自己要在何处补短板，要在何处用力，强化自己的优势。

教师的专业成长需要高效，而且可以高效。高效，意味着方向和结果经得住时间的检验，路径选择和方法正确，收获投入比高。

教师成长如何高效？一个重要途径是研究本土"高手教师"，找到他们的经验核心，学习借鉴，自我超越。一是，我们与本土"高手教师"处在同一个教育生态当中，他们的成就、成功反映着这个系统对教师成长的支持度，能帮助我们对自己的成长空间迅速作出评估判断，找到方向感。二是，本土"高手教师"的成长经验、教育智慧等，与我们所处环境有着很高的匹配度，我们能获得实实在在的直接运用于改进实践的增量认知。

"人不能从80岁向1岁活，如果能够从80岁向1岁活的话，那么我敢肯定，世界一半以上的人都会成为伟人。"这是社会活动家程思远先生的感慨。没人能够从80岁往前活，但早弄懂这句话的人却能够活出那样的"效果"，只要善于广泛汲取和运用那些有成就的人的人生发展智慧。

向有成就的同行学习成长智慧，对于教师来说还有一层深意：更深地理解成长，更长地思考人生。因为教师专业成长之"专业"就是育人。

故而多年来，我与同事把发现、发掘和传播本土优秀教师的成长经验、教育智慧，作为一项重要工作内容。随着采访的优秀教师不断增多，我感到报道越来越不好写，因为优秀教师有着太多的相似之处，不管是经历，还是想法、理念、习惯等，而"重复"是精彩报道的最大障碍。不过，透过一篇篇报道，我欣喜于自己有一个大发现，即教师成长也有规律。

优秀教师共存一些特质，如责任心强，爱读书，善于学习，有同理心，等等；而优秀教师相似的成长经历，凸显着"修炼路径"。有的老师则表示，自己很喜欢这个职业，喜欢和学生在一起，所以心甘情愿地多付出……他们当中有人似乎就是"为教育而生"，特别适合做教师。这样的观察结论却又让人沮丧，因为似乎"没有道理可言"。

普通教师和优秀教师的根本差别是什么？又是什么本质力量在推动着优秀教师不断"塑造新我"、走向卓越？

困惑之时，彼得·圣吉在论及学习型组织建设时关于改变"心智模式"的阐述让我看到光亮。彼得·圣吉将心智模式定义为"根深蒂固存在于人们心中，影响如何理解这个世界（包括我们自己、他人、组织和整个世界），以及如何采取行动的诸多假设、成见、逻辑、规则，甚至图像、印象等"。

这一理论使我相信，每个人都有一个"整体性"的心智模式，同时又对自己浸润的各个组织、系统等，建立相对独立的心智模式。比如教师，有作为社会人的整体性的心智模式，同时有学校组织的心智模式和教师职业的心智模式。不同层级、系统的心智模式同时存在，相互依存。

普通教师与优秀教师的差距在认知和思维水平，根本却在职业系统的心智模式有差异。

豁然开朗之后，我发现，"自我生命力量的激活"，"内在精神朝向与认知模式的转换"，原来都是心智模式的修炼。这个发现又激发我两点深刻的体会：第一，理论工具很强大，教师要多多掌握理论工具，这将有助于更清晰准确地认识教育教学问题，把握本质；第二，助推和引领教师找准成长着力点，在职业心智模式上用力用功，成长就会高效。

中小学教师的教学工作相对固定，所以很容易陷入简单重复的境地，但是从另一个角度看，教师对教学工作建立起一套认识框架、思维模式，也并不是特别复杂的事情。从这个意义上，教师专业成长可以看作这套教育教学系统心智模式的萌芽、发展、创新、完善、再造的往复循环过程。

这些发现、体会促使我观察、解读优秀教师成长经验的角度有了转变，我力图更多地呈现能带给教师心智模式改善的内容。比如，他们对成长、对职业意义的新认知，他们在课堂教学、班级建设中遇到问题时采取什么样的思考路线，以什么样的心态面对挑战、面对学生，建立何种反应模式、思维策略、教育原则，等等。说实话，有些问题也是优秀教师所忽略并未认真深入思考的，接受采访也促进他们对心智模式作出审视和反思。

作为长期关注教师专业成长命题的教育媒体人，我渴望将自己的观察记录以及一些肤浅的心得思考与更多的教师交流。当有了这样的想法时，那些给我留下深刻印象，也给我带来成长的启发与影响的优秀教师形象在脑海中就愈发清晰、灵动。从大量的优秀教师成长案例中，我精选出16位，他们大多是河南教师，长期在河南各地的中小学教学，有的已被视作高端教育人才引进到外省市学校工作。我重点发掘每位优秀教师最突出的"成长智慧"，并将其组合起来——建构一个有助于教师进行职业心智模式修炼的认知框架。

彼得·圣吉认为，心智模式修炼本质上是把"镜子"转向自己，从而能觉察、检视出自己在认知、思维上存在的短板或问题，把新认知、新逻辑、新规则等植入自己的心智模式，使之不断升级完善，从而适应组织、系统，实现自我超越的目标。

高效成长，一定是属于那些善于为自己找"镜子"、敢于直面真实的自己的教师。

目 录

法则1：自我栽培…………1
　　　——解读常作印
　　　我要做什么样的教师…………3
　　　如何不辜负这个时代…………5
　　　教师真的忙到"没时间成长"吗…………8
　　　教师自我栽培的"技术路线"…………11
　　　不做庸师，首先是发展自己…………15

法则2：成长为己…………19
　　　——解读李迪
　　　为什么做教师？为自己找三个理由…………21
　　　如何理解"成长为己"…………24
　　　教师的成功都是"厚积薄发"…………27
　　　践行自己的师道，生长自己的师德…………31

法则3：真实成长…………35
　　　——解读张硕果
　　　成长与成功的同步统一…………37

　　　　教师需要建立什么样的心智模式…………40
　　　　避开教师成长路上的三个陷阱…………43
　　　　把更多的"美好"请进生命里…………46

法则 4：自赋意义…………51
　　　　——解读周照鹏
　　　　教师的价值及自我实现…………53
　　　　为什么教师要善于"自赋意义"…………56
　　　　名师是怎样炼成的…………59
　　　　想成为名师？先做好三个准备…………63

法则 5：放宽视界…………67
　　　　——解读刘本举
　　　　成长路上迷茫了，怎么办…………69
　　　　在阅读中遇见一个个成长导师…………72
　　　　思想力：榜样与奠基…………76

法则 6：勤奋写作…………79
　　　　——解读范通战
　　　　写作为什么能够助推教师高效成长…………81
　　　　成熟教师怎么走出发展高原期…………83
　　　　教师写作有没有秘诀…………85
　　　　持续写作的教师，会有哪些不寻常…………88
　　　　"深度"背后的系统思维…………91

法则7：志于研究…………95

　　　　——解读丁保先

　　为什么教师不要做教书匠…………97
　　为什么做研究能让教师高效成长…………99
　　研究型教师是什么状态…………101
　　"懒教师"的真实意义…………103
　　"浅思考"的研究是如何推向深入的…………106
　　教师需要具备哪些新思维…………108

法则8：管理精力…………111

　　　　——解读闫付庆

　　突破"围城心理"，教师能做什么…………113
　　高效能教师会怎样做选择…………115
　　世界那么大，老师得去看看…………119
　　指导帮助学生是教师的本分…………123

法则9：重建课程…………127

　　　　——解读董文华

　　探问"课堂是什么"…………129
　　有效教学的本质是"课程策略"…………132
　　什么是"教得精彩"…………137
　　观照生命，让知识有"人"的"体温"…………140

法则 10：超越分数…………143

　　——解读宋君

　　有效教学的第一智慧…………145

　　站在讲台上，你就是"第二本教科书"…………148

　　读懂学生，教育智慧就有了…………152

　　为学生的学习背景知识量扩容…………156

法则 11：建构原则…………161

　　——解读刘娟娟

　　确定自己的课堂教学原则…………163

　　破解"活力课堂"的"密码"…………167

　　强力关联：突破教学难关的策略…………172

法则 12：发掘个性…………177

　　——解读沈丽新

　　个性怎样才能成为"教学力"…………179

　　练绝活儿与树品牌：兴趣最不可辜负…………182

　　"爱学习的天使"是怎样培养的…………185

　　教学的勇气和自信源于哪里…………190

法则 13：共情学生…………193

　　——解读毛玉玲

　　学生内心的渴望，我懂吗…………195

　　即使"不欣赏"，也得接纳学生…………198

赢得学生信任的三个常理…………201

法则 14：引领人生…………207
　　——解读司清霞
　　不可忽视的基础教育缺失…………209
　　怎样启迪学生思考人生…………212
　　身教的智慧与勇气…………215
　　培养健全人格是第一位的…………218

法则 15：乐观主义…………223
　　——解读刘忠伟
　　把乐观和热情带给学生…………225
　　以学生为镜，为学生而变…………228
　　悄悄地，让学生"遇见美好"…………232

法则 16：赋能学生…………237
　　——解读杨卫平
　　赋能学生的背后有什么…………239
　　心态情感同频，思想认知领航…………243
　　建构新型师生关系的九大策略…………247

法则1：自我栽培

——解读常作印

教师专业成长，谁的责任最大？或者说在政府、学校和教师个人三方中，哪一方负有主要责任，谁将发挥关键作用？

成长寄语

不做庸师，守住教室，与学生一起成长。以人弘道，书写灵魂里伟大的教育梦。

　　　　　　　　　　　　常作印

微档案

　　常作印：北京市丰台区第二中学教师。全国优秀语文教师、知名班主任，全国"十佳教改新星"，全国中学语文优质课竞赛一等奖获得者，北京市紫禁杯优秀班主任，北京市"学生喜爱的班主任"，河南省五一劳动奖章获得者，河南省名师，河南省教育厅学术技术带头人，首届河南最具影响力教师。《班主任》《教师博览》《新语文学习》等期刊封面人物。著有《不做庸师》《做一个会"偷懒"的教师》等。

我要做什么样的教师

教师专业成长，提升专业能力，是政府、学校和教师个人三方都受益、都乐见其成的事情。自21世纪初国家启动新课程改革，各级政府逐年加大对教师培训的投入，从"国培""省培"到"县培"，教师全员免费参加；学校层面，教研、公开课、读书交流等教师素养提升活动也接连不断。那么，这是不是意味着政府、学校对教师成长"负全责"？

换一个角度：关于你的前途、幸福，谁要负主要责任呢？是社会、你的工作单位，是你的家族、家庭，还是你自己？这个问题估计每个人都会得到正确的答案吧——对，就是自己。

古人讲："天时不如地利，地利不如人和。"这句话能流传千年，自然是解释了很多现实现象，在一定情境下具有指导价值。我认为，在教师成长这件事上，这句古语也是适用的。对于教师成长而言，政府重视即是天时，学校支持是地利，而教师自己心中认同了这个职业选择，愿意将人生价值承载于课堂、学生，则是人和。

据我多年的观察，不少教师没有想通这个道理，或者没有深入思考过专业成长问题，诸如成长的意义、方向等。在有些教师看来，"自己就是个教书的，非常普通的职业，老师无职无权，少给我说什么'大词'，不要'道德绑架'我"。自然，持这种观念的教师，就无须谈论专业成长、职业幸福的问题了。

有些教师教学兢兢业业，也关心爱护学生，工作尽职尽责，但着力更多的是学生的考试成绩，是班级在学校各种考评中不落后……每天忙忙碌碌中缺少了读书、深入思考；与考试成绩关系不大的活动，能推就推，能敷衍就应付，学校给发什么书就读什么书……这种状态的教师会认为，专业成长这事政府和学校责任最大，因为"成长也是为学校的，为国家的"。这些教师可能不会排斥成长，但需要引领、推动，需要学校领导"栽培"，成长是被动的，当然就比较缓慢。

教师成长的方向问题就是自己要做什么样的教师。对这个问题有没有思考过，或者思考的深度不同，会决定教师专业成长的速度和发展质量。开始思考这个问题的老师，就启动了"自我栽培"的成长模式，会高效成长。正所谓"对于一艘没有航向的船来说，哪个方向的风都是逆风"，明确了方向，才可能乘风破浪。

做什么样的教师呢？2012年教育部研究制定并印发了《幼儿园教师专业标准（试行）》《小学教师专业标准（试行）》和《中学教师专业标准（试行）》，为教师专业成长明确了方向。"标准"给出教师专业发展的基本理念是"师德为先，学生为本，能力为重，终身学习"，四个方面勾勒出了教师专业成长的核心和基本路径。

虽然官方有标准，但"做什么样的教师"这个问题不会有标准答案，各个老师的想法汇总起来一定是五花八门。因为每位教师都有自己的志趣、思想、特长，所以有着个性化的表达，也有自己独特的成长追求。比如，有的说，做一个学生喜欢的老师；有的说，做一个"会上课"的好老师；有的说，做一个会"偷懒"的老师；有的说，做一个有自我教学风格的老师；有的说，做像于永正那样的老师……

表达的不同，是关注角度不同，但都隐含着对教师职业的独特理解。不同的表达中，内涵也会略有差异，但深度探问之后却能在一个制高点趋于一致，而且精神朝向是一致的，都指向做更好的教师，都意味着一种自我超越。

古人很早就感慨，"经师易遇，人师难遭"，可见教师是有不同层次的。就以上课为例，有的教师以上课为乐，有的把上课视作责任、本分，有的则当成了苦差事。以写出《班主任兵法》闻名的万玮老师，后来又出版专著《教师的五重境界》，论述教师教知识、教方法、教状态、教人生和教自己的职业发展五境界。

种种概念为当代教师展示了不同的为师形态，以及提示教师能够做到何种高度。但是，不必强求教师都必须发展到哪一种状态，这不必要，也绝无可能。

我认为，每位教师只要遵守国家法律，不违反师德师风的规范要求，能够完成岗位职责所要求的工作，就是合格的教师；教师有权利选择自己喜欢的教育生活方式。而且在这个前提之下，每一种教育生活方式都应得到足够的尊重。

不过，我乐观地认为，当一个教师认真地思考自己要做什么样的教师时，他就开始了对教师职业内涵的探问。他会发现，教师其实是助人的职业，是在帮助、陪伴儿童青少年变得更好的一份职业，因此极少会想自己去做一个"坏老师"、不负责任的老师，大概率都想成为自我超越的"好老师"。这是人性善良的一面使然。

如何不辜负这个时代

谈论教师成长时，我常常会想起"小鲁"。十多年前，编辑部收到了一封署名"小鲁"的农村青年教师的来信。信还拟了标题：春风不度玉门关。

从信中得知，"小鲁"刚走上讲台，干劲儿很大，他大胆进行教学改革，希望自己的教学得到学生的喜爱，充满了教育热情与理想，对自己的教育生涯有着美好的憧憬。然而，教育现实让他备受打击：不仅是教师业绩考评只看学生考分的单一和"霸道"，更有农村学校文化环境的凋零衰败。他找不到生命可以托付的地方，感受不到教育的乐趣与生命的价值。

我们从老师们来稿中反映的情况和到各地采访时的所见所闻综合判断，"小鲁"老师的境遇很真实，就择机刊发了这封信。和预料中的差不多，这封信受到老师们的热切关注，引发了一次"大讨论"。不光是农村青年教师纷纷来信谈自己的经历和感受，一些教育研究者，如华东师范大学的李家成博士等也深受触动，撰写文章探讨农村教育改革和农村青年教师的发展。

当时我也非常感慨，就结合采访观察写了一篇文章《教师成长需要有效引领》，后来还发表在《中国教育报》上。可见，"小鲁"老师的遭遇并非个案，所以能引发很多人的共鸣。

很可惜的是，虽然这个现象得到关注，但现实终归是现实，坐而论道没有能留住"小鲁"老师——经过慎重考虑，"小鲁"离开了学校，奔向深圳开始了新的人生探索。

"小鲁"老师的文笔不错，那封信思路清晰，叙述有条理，感情充沛，表明他确实是一个好苗子，如果有好的发展环境，我预测他能成为非常优秀的教师。所以，教师成长确实需要一定的支持环境和及时的点拨引领。

十多年后的今天，尽管教师专业成长的环境还没有达到完美的境地，比如，老师们的工作负担依然很重，但相比"小鲁"老师挣扎、焦虑的那个时代，已经改善了太多。在今天的这个时代，一位教师如果想明白了自己要做什么样的教师，真正地"爱自己"，那他完全可以自我成长、自我栽培。

今天的这个时代，校园的硬件设施有了质的改善。特别是农村学校，"义务教育均衡发展""教师周转房建设"等工程的实施落实，使得教学及生活条件越来越好，能够让年轻教师把躁动的心安顿下来。

今天的这个时代，教育生态的治理也逐渐展开，教师身上确实还有不少"镣铐""枷锁"，不过环境正朝着好的方向改变。

首先，中小学教师的年龄结构在调整，如在农村学校里，青年教师开始占主流，相应地，校园有了活力，昂扬向上的教师文化正在悄悄形成。

其次，政府针对阻碍教育良性发展的痼疾，近些年连续出台了一系列新政，展开综合治理，教师成长环境在优化。

今天的这个时代，学习资源和成长平台不再稀缺，教师成长缺失的只是"你的渴望"。随着移动互联网高速发展，信息流动除了加速，还发生了一个根本性的变化：以前，是人找信息资源，而今天，是信息资源和平台在主动找人；以前，信息质量有城乡差别，而今天，一位乡村教师如果与北京、上海名校的老师有着相同的成长志趣，那么通过手机就能迅捷地接收到同一条有价值的信息。

今天，教育出版社都会通过网站、微信公众号等发布最新的和优质的图书信息；你崇拜的、想学习的名师，都会通过一些平台讲直播课或发布在线课程资源，或者通过自己的微博、博客或个人微信公众号推介自己的著作和文章；登录一些数据库，你可以搜索到各种主题的海量高质量论文；各级名师工作室、名班主任工作室都在建立平台，吸引你加入他们的团队；教育界之外的大咖，也在建立"读书会""同学会"，吸引你成为会员……

只要你渴望成长，投入不多的时间和金钱成本，就能够获得你心仪已久的资源和平台，而无须"领导批准"，没有"名额限制"。你有一颗"奔腾之心"，就能发现取之不尽的成长资源；再有一颗"沉静之心"，你终将登上专属于你的舞台。

这个时代，是鼓励个体崛起的时代。

改革开放，与世界接轨，让中国取得了举世瞩目的发展成就。伴随着经济高速增长，人们获得了思想解放。当今时代，我们可以大胆地谈论个人价值、个人权利，这是巨大的社会进步。对于教师而言，个人价值的实现和人生幸福，不是学校或某个组织施舍的结果，而是一种权利，但它是需要教师通过成长而获得职业成功来赢得的。

从领导栽培到自我栽培，这背后是时代的大转型，以及个人价值和主体性的觉醒、强健。教师懂得自我栽培，让自己迅速成长起来，生命更有价值，才真正是不辜负这个伟大的时代。

教师真的忙到"没时间成长"吗

《教育时报》曾刊发过一篇反映中小学教师工作强度的文章，引起教师共鸣，产生不小的反响。文章作者是孙国峰老师，标题是《敢问路在何方——从一个普通教师的一天说开去》，文章呈现了自己一天的时间分配，以及所思所感，表达了教师的困惑——一天从一睁眼就开始各种忙碌，一直到晚上很晚了才能回到家里，身心俱疲。

一位老师说，文章反映的情况太真实了，自己一天天就是这样度过的，从早忙到晚，有时累得回到家连话都不想多说一句，虽然也想读点书、写写反思，可做不到或坚持不了。

孙国峰老师的这篇文章道出了不少教师的心声。如何解除教师心中的困惑？又如何打破成长僵局？带着这些问题，我采访了当时在安阳市曙光学校任教的常作印，因为在我心目中，常老师成长迅速，那几年连续获得"全国优秀语文教师""全国中学语文十佳教改新星"等荣誉，而且展现出强大的发展后劲儿。

采访时，我和常老师围绕主题"教师专业成长的时间从哪里来"聊起来。常作印说，孙老师及很多教师的困惑有观念、认识的局限，再就是在"时间管理"上有欠缺。

常作印也读了孙国峰老师的文章，但他认为文章展示给大家的那个工作时间表可能是孙老师最忙碌的一天的记录，不可能天天的日程都那么满；另外，从工作记录中大概可以断定孙老师是一个"保姆型教师"。

所谓"保姆型教师"很容易理解，就是对待学生，老师像个保姆，事事都自己操心，亲力亲为。这样做，"好"的一面，从老师灌输知识、维持秩序的角度,"效率"可能会高;"不好"的一面,老师的时间被占满,学生则处于被动状态,自主性和创造性无处发挥,少了锻炼机会,有时不理解老师的"精心照顾",嫌老师"管得宽",造成师生关系紧张。

这种状况对老师、对学生其实都不利。教师应对"保姆型教师"的状态持警惕心,学会"放手"和"舍弃",增强读书学习的意识,规划好自己的工作,把有限的时间合理分配、充分利用。

当时常作印教初三年级两个班的语文课,担任一个班级的班主任,而且任学校的教科室主任一职,因此他的工作负担并不轻。尽管每天事情很多,他却还担任了多家教育教学报刊的特约编辑、记者和栏目主持人职务,担任某教育论坛的版主职务,而且把那时正流行的教育博客和博客圈"明师工作室"经营得红红火火、有声有色,吸引了不少教师。

同样是24小时,常作印能做这么多事,与他善于规划和做时间管理有很大关系。有不少教师认为,名师之所以有成就,是因为人家有超人的智力、钢铁般的意志,每天过着"三更灯火五更鸡""头悬梁,锥刺股"等苦行僧般的生活,实际情况却不是这样的。根据常作印对接触过的一些名师的观察研究,名师的过人之处除了勤奋,就是善于做计划与利用时间,目标明确,执行力强。

在我的提议下,常作印也整理出来了自己某一天的工作记录:

6:00 起床,洗漱。

6:10 一边跑步一边思考今天需做事情的轻重缓急。

6:50 早餐。

7:00 与学生一起晨读。学生背诵课本中六首诗词,自己继续背诵《古文观止》。

8:00 课前复备今天的教学内容。

8:10～9:50 上课。各学习小组派代表上台讲课,自己及时点拨引导。

10:00 写教学反思。

11：00　检查各学习小组互批互改过的作业。

11：50　下班，买菜，做饭。

12：15　午餐。

12：30～13：30　午休。

13：35　上班。

14：00～16：00　读教育著作《静悄悄的革命》，浏览当天的报刊。

16：10　主持召开教研组长会，布置近期教科研工作。

17：00　辅导儿子功课。

17：30　语文自习课：与学生商量近几周的教学进度安排，并进行教学分工；学生做作业，自己备课。

19：00　下班。晚餐。

19：30　与家人一起散步。

20：00　亲子共读。

20：40　上网，管理论坛，更新博客，完成某教育报刊的约稿。

22：00　反思今天工作的完成情况，简单列出明天的工作计划；熄灯休息。

这个记录反映了常作印的生活常态。他之所以能够从容地做好那么多事情，而且还能让自己有所成就，得益于对时间的合理安排与充分利用。比如，现在很多学校都有早读，但大多数教师只是指导学生，而忘记了这一时间也可以用来很好地提高自己。

几年来，常作印正是利用早读时间背诵了《论语》《道德经》《唐诗三百首》《宋词三百首》《莎士比亚十四行诗》等经典，提升了人文素养，丰富了文学底蕴。

常作印说，如果教师能在上班期间处理好自己的一切教学事务，那么工作就是有序和有效的。如果一直觉得时间不够而又不去改变安排时间的方式、工作的方式，那么即使一天再多几个小时，也还是不够用。

忙碌，事情多，确实是教师职业的常态，但教师意识到自己已经失去从容时，就要警惕了，因为"忙者，心亡也"，太忙的话，心灵就要迷失了；一定要想办法让自己从忙碌中跳脱出来，将时间和精力聚焦于对自己而言最重要、最有意义的事情上。而教师自己的成长就是长期来看最重要、影响最深远的事情。

教师的忙碌状态与学校管理有非常大的关系，不过能否化解这个问题，关键还在于教师自己。自我栽培，首先就得学会自我解放。

教师成长，需要读书、学习以及不断的实践、创新与反思，对于"工"与"学"的矛盾，教师则要通过"自我解放"来实现它们的融合。2012年，常作印结合自己的学习成果和成长实践，出版了教育专著《做一个会"偷懒"的教师》，把成长的策略传播给更多的教师。

会"偷懒"的教师的高明之处就在于把事儿做到点儿上、把精力用对地方，比如做事有目标和计划；把事情分类，分出轻重缓急；做好时间管理，充分利用时间；学会向学生授权、做好分工……

常作印引用一位教育专家的话，说名师应该具备三个条件——"会'偷懒'，会'装傻'，会'踢球'"；老师不会这些，实际上就剥离了学生锻炼、思考与体验的权利。

在教学、带班中，这"三会"也是教师自我解放、与学生共同成长的教育智慧，如果真的感觉自己忙到了没有时间成长的地步，就品咂下吧。

教师自我栽培的"技术路线"

这两年，自媒体平台上有两句话很流行："你的问题，主要在于读书太少而想得太多"，"要让你的能力匹配你的野心"。

传播广了、讲的人多了，两句话都透着浓浓的"鸡汤"味儿，不过我们不能就此否认两句话所蕴含的道理，年轻人的焦虑、挫败感与挣扎，这两句话基本上能涵盖得住。

现在已是名师的常作印做教学工作得心应手，看起来挺"潇洒"，可实际上他也曾焦头烂额、手忙脚乱，想当逃兵。刚参加工作时，他非常自信，认为自己经过师范大学深造，对付几十个毛孩子绰绰有余。

读大学时，常作印很刻苦，不仅成绩优异，还阅读《论语》《道德经》《全唐诗》，硬啃罗素、尼采、黑格尔、康德、哈耶克……发表过几篇有分量的论文。毕业时他的成绩全系第一名，还获得省级高校优秀毕业生的荣誉称号。

不久，常作印就意识到自己"很傻很天真"，"教育理想"被真实的教育击碎了。

一是那时他的普通话不标准，讲话时会不自觉地切换到"方言模式"。第一次与学生见面，正当常作印激情满满地讲话时，一个学生站起来说："老师，你能不能不讲日语。"

二是班里有几个"刺儿头"。常作印刚开始实行"高压政策"，班里还能风平浪静，取得些满意成绩。可好日子没过多久，他就镇不住了，公开与他作对的学生越来越多，班里的情况是按下葫芦浮起瓢。

那个阶段，常作印三天两头大动肝火，感觉做老师、当班主任太痛苦了，没有丝毫的快乐与幸福可言。思来想去，他就向校长提出了不干班主任的申请。校长听了常作印的诉说后，拿出两本书给他，一本是魏书生的《班主任工作漫谈》，一本是李镇西的《爱心与教育》，并对他说："真正打败你的是你自己！工作的乐趣恰恰在于挑战。班主任工作不是光靠热情和勤奋就能干好的，还需要很高的技巧和智慧。这书你读一读，再想一想凭什么让学生服你。"

校长的话点醒了常作印。随着深度阅读魏书生和李镇西老师的这两本书，常作印发现自己需要学习的太多了，开始结合工作做反思，提升教学实践智慧。

为练好普通话，常作印跟着电视、广播的播音员学习，听著名朗诵家的录音带，随身携带《新华字典》，及时翻看；读书看报研究案例，反复观看名师和名班主任的讲课与报告录像，边学边实践。慢慢地，他的教学和班级管理方式发生了变化，学生由惊讶到信服，师生关系由对抗到融洽，一切朝着理想中的方向发展。

2003年11月，常作印上网时偶然登录了当时火爆的基础教育网K12论坛，一下子进入了教育的新世界。刚开始，他只是看别人的文章和帖子留言，却"不敢吭声"。随着当"看客"的日子一天天过去，常作印也有了想发言的冲动。

12月的一天，他终于在K12论坛上发出了自己用心打磨的第一篇教育随笔《教育学，你为何不改革》。让他没有料到的是，这篇有着自己的观察思考、直陈国内师范教育痼疾的文章引爆论坛，广为传播。这是他的成长进入高速期的标志性事件。

从此，常作印的写作热情被充分激发出来，其"阿常"的网名也被网友熟知，他的文章也不断被各类教育报刊编辑看中并正式发表。观察思考教育问题的深度和广度通过写作行动不断扩展，这又助推着常作印去读书、实践。

每天除了认真备课、上课，他还给自己定了"五一工程"：至少读书一小时，至少背诵一段经典，至少找一名学生谈心，至少写一篇教学反思，至少进行一次身体锻炼。

在与老师们交流时，常作印总会谈到互联网的影响，是网络打开了他认识教育的"天眼"，促使自己深刻思考，提升境界。

在不断的实践、深思当中，常作印形成了自己教育人生的一个信念、一个定位：不做庸师。2010年，常作印出版了自己的第一本教育专著《不做庸师》。9年之后，《不做庸师》又出了全新的修订版，成为教育类图书中的"常销书"。

教课出成绩，带班很精彩，在省级教学大赛上连续获奖，还经常在报刊发表文章、一本本地出专著，不断外出讲课……常作印树立起了"新型教师"的形象，开始受到各方关注，获得了以前不敢想的荣誉。

2013年，常作印被北京市丰台区作为人才引进，在京城名校开始新的教育发展。他说，最近几年发表文章相对以前少了，外出"露面"也少了，似乎成长速度减慢了，其实不是，自己是把更多的时间、精力用到了课堂和学生身上，走出大学校门时"要改变基础教育"的理想又回来了。

常作印的成长经历给青年教师最大的一点启示是"教师可以自我栽培"。在他的成长历程中，校长赠书并且讲的一番话是非常及时有力的引领，而此后基本上是自我导向、自我激励和自我调整的成长状态，完美示范了自我栽培的"技术路线"。

教师看起来无职无权，却是需要发挥影响力、领导力的职业。教师的自我栽培首先就是要培植自己在学生当中的影响力、领导力。

你必须得研究学生喜欢、信赖和敬仰什么样的教师，然后结合自己的特点去自我提升、修炼。教师的影响力、领导力，本质是学识、视野、价值观和处事风格等综合而成的一种人格魅力，能为学生带来方向感、安全感与澎湃动力。能做到这个高度就体现出了职业价值，很了不起，一定会是优秀教师。

再高一个层级的自我栽培，是树立在成年人的世界——同行、学生家长中的影响力和领导力。你要发展从课堂教学、带班育人实践中提炼真知灼见的能力，当同事、学生家长在遭遇教育困境时能提供策略支持、有力帮助。集体备课、教研活动是展现影响力、领导力的平台；如果你能够将教育实践智慧变成文章、专著，它们将传播得更远更久，影响更多的人。

更高一个层级的自我栽培：建立学术影响力。教育学已从实践之学发展为一门独立学科、一种学问。教师对教育教学的某些领域做深入研究，也可以为教育学添砖加瓦，形成学术影响力。这当然是很高的职业水准，需要投入艰苦卓绝的努力。

值得一提的是，在教育论坛蓬勃快速发展的阶段，常作印与当时的同事王安璞、安阳市文峰区教研员柳文生组成了一个三人互助团队，常聚在一起交流教育教学问题，相互激励和支持。后来在安阳市教研室语文教研员蒋新海支持下，团队扩大，不仅引领了一大批青年教师成长，也助推自己步入快速成长期。不单打独斗，发现"同类"，与志同道合的人一起出发上路，懂得向团队借力，也是教师走自我栽培之路可借鉴的成长智慧。

不做庸师，首先是发展自己

不做庸师，最基本的含义是不能误人子弟。这是教师教书育人的职业底线。

常作印认为，"不做庸师，首先是发展自己。学生超越教师，是教育的幸事；然而如果教师太容易被超越，则是教育的悲哀"。不做庸师，那做什么样的教师？要从"不误人子弟"的教师成长为一个能够"发出光亮"的教师，给学生带来上品的真善美的教育。

"一个真正卓越的教师应该具有知识分子的社会担当精神……当教育人生走到一个足够高的新境界时，你就会明白有比获奖、做课题、发表文章等更值得追求的事，那就是守住教育的本真，守住自己的教室，关注学生的生命状态。"在修订版的《不做庸师》中，常作印这样写道："这些年，我一直在思考几个'大问题'：我做的是真教育吗？做的是上品的教育吗？我能把学生托举到怎样的高度？"

他这样去探索、践行"不做庸师"的教育理念：

每接手一个新班，除了和学生一起商定班规，都要与学生深入交流仪容仪表问题，比如把张伯苓部分的"镜箴"——"面必净，发必理，衣必整，纽必结；头容正，肩容平，胸容宽，背容直"作为《班级公约》的第一条，引导学生言谈文明、举止有度、有耻且格，所以他带出来的学生有精气神，气度不凡。

学校里各个方面都有竞争、比赛，怎么办？摒弃那种庸俗的"成功学"的侵蚀，坚持培养学生"会输"的品格。"只学习如何成功的孩子，不可能成为卓越者。我们要教会孩子怎样赢，更要教会孩子如何面对失败，以及失败后如何振作的方法和智慧。"

每一学期期末，常作印都会邀请家长和全体师生参加班级的颁奖典礼。因为他的班级里设置了多种奖项，不但有综合奖、学科奖、生命奖，还有"十大风云人物""十大感动人物""对自己最严格的人""最能吃苦的人""最值得信任的人""最善于利用时间的人"等。

颁奖典礼上，可谓"星"光灿烂。每个学生至少能获得一个奖项，上不封顶……常作印说这样大张旗鼓地颁奖，目的是为每个学生寻找一个契合他生命特质的关键词，常作印还为他们每人写一段颁奖辞、送一首小诗……目的是让每一个学生在班级里都有地位和尊严。

作为语文教师，常作印以自己的"不唯教参、独立思考"原则，建设有思想和文化内涵的语文课堂，培养学生不盲从、不人云亦云的精神和思维品质。比如，他讲柳宗元的《黔之驴》，讲出来驴的冤枉和无奈，讲到了对弱者的同情和恻隐之心；上莫泊桑的《项链》，他颠覆了教参的"虚荣说"，引导学生感受命运的诡异与人应有的高贵品格；讲鲁迅的《从百草园到三味书屋》，重新认识寿镜吾先生……

让常作印自豪的是，在他的示范带动下，学生大多也喜欢上了写作，曾有一届学生毕业时有 2/3 的比例在报刊上发表过作品。

教师虽然平凡，却是引领和指导学生成长的"重要他人"。学生成长需要优秀的老师。就如常作印所讲，学生可以原谅老师的严厉、刻板，但不能原谅老师的不学无术、不思进取。"教师无力改变教育体制，却能与孩子一起创造教育奇迹。"

"不做庸师"的常作印如今享受着教育的幸福，上课对他而言是一段与学生快乐交流的时光，而班级在他看来则是师生彼此生命相遇，能够点化和润泽生命的诗意栖居之地。

<u>不做庸师，不仅"可以成为"，还"应该成为"所有中国教师的共同信念。</u>

当然，一个教师如果按部就班，对学校要求亦步亦趋，不用自己动脑筋，不需要思考与创新，根据自己的感觉和一些经验教学，完成教学任务也是可以的，只要无大错，并不担负任何道德和法律上的责任。但这样的教育就只会是底线边缘的教育，或者说是平庸的教育。学生不会获得充分发展，而教师自己何尝能够收获精彩人生？只是在耗费生命、白活而已。

不做庸师，也是教师自我生命价值的升华。

法则2：成长为己
——解读李迪

成长为何？这是成长的动力源以及成长的方向性问题，需要教师主动去寻求自己的答案。探问教师专业成长的这个核心问题，其实更需要从一个"源头"问题问起——我为什么做教师？

成长寄语：

知行合一，致良知，付出不亚于任何人的努力。

李迪

微档案

　　李迪：河南省郑州市科技工业学校教师。全国知名班主任，国家二级心理咨询师，首届"河南最美教师"，首届河南最具影响力班主任，河南省作家协会会员，河南省教学名师。《班主任》《班主任之友》《中小学班主任》《教师博览》等教育期刊封面人物。著有《做学生欢迎的班主任》《做一个灵魂有香气的女教师》《从容优雅做好班主任》等。

为什么做教师？为自己找三个理由

2016年新学年开学之际，某地一位有编制、工作四年的农村学校女教师辞职了。她随后写的一篇辞职感言文章通过微信朋友圈广泛传播，很多老师，尤其是农村教师被这篇文章打动了。直到今天，仍会有一些自媒体在某个时间节点将文章重新推送出来，每次仍能引起老师们的关注和热烈回应。

之所以这位"前老师"的文章能引起反响，是她讲自己的收入低、工作任务繁重，以及糟糕的交通条件、"怀才不遇"等，再次给了老师们"吐槽"的契机。

职业早已双向选择，教师辞职是件很平常的事情，本来我无意关注，但读了文章之后，我无法平静了，觉得非常有必要去讨论一下"教师的职业观"。

文章写道："当教师是我小时候的梦想……（教师工作）稳定到，可以让你提前看透自己的一生。每一天的工作都是重复的，每一分钟，甚至是每一秒钟都是大同小异，生即是死，死亦是生。我今年26岁，就已经看到了我的36岁，46岁，56岁，直到退休的前一天。这种毫无创意且又连续不断的Ctrl+V的生活，让本就不算活泼的我显得有些死气沉沉……"

另外，文章字里行间处处流露出对"醉心教育"者的不屑甚至嘲弄。

说实话，读完她的文章，我怒了！

假如她是说收入低、工作繁重而选择离职，除了很真诚地送上祝福，我绝不会多讲一句！

问题在于——这位"前教师"表达出来的"成长无知"，以及对教师职业的肤浅认知，一定要得到澄清；不然，在文章引发的"吐槽狂欢"中，教师理性将被冲刷，走偏的职业观可能将教学导向更糟的境地。

工作四年，而且小时候有教师梦想，却这样看待教育工作，不仅让人诧异，更让人担忧：误人子弟久矣！一位教师，如果觉悟到学生是活生生的、处处有差异的"人"，是有着巨大的发展潜力的、独立的"人"，就不会认为教学是"毫无创意""可以不断复制""死气沉沉"的工作。

所以，我当即策划了一个选题：邀请从农村小学走出来、成长为全国名师的杨卫平老师，出生和成长于山区的全国知名班主任、"河南最美教师"李迪老师，在农村小学工作、获得河南最具成长力教师荣誉称号的朱会清老师，以及武陟县大封镇驾部小学的刘筱园校长等，就这篇辞职感言文章谈谈感受、看法。约稿函还吸引很多老师、教研员等自发参与发表观点。

约稿时我没有任何的立场暗示，就是请他们读读文章谈点观感、作个评论。不出所料，几位老师都发表了很理性的观点，无一例外看到了问题所在，即如果这位"前教师"不改变心态、提升认知，换工作可能解决不了她的问题，因为这个社会没有完全轻松如意的工作，更不存在十全十美的环境。

同样不出我所料的是，当这篇辞职感言文章和几位老师的评论文章同时在"河南教师"微信公众号推送出来之后，得到广泛关注，点击量创新高；而老师们的留言中也以"吐槽"、抱怨居多，还有辱骂、冷嘲热讽几位写评论的老师的，理性的声音则被淹没。

为什么会有这样大的意见分歧？大致有两点，认认真真地阅读文章、不受情绪影响全面准确地获取信息是一方面，另一方面就是职业认同。几位接受约稿的老师都是从教育教学当中发现很大的乐趣，感受到职业价值的人，而留言的老师中更多的人被情绪裹挟发泄怨气，显然职业体验不佳。

教师职业的收入水平，与一个地方的财政状况甚至学校的级别有直接联系，属于社会问题；而教师的职业观则是一个专业认知问题，涉及教育观、学生观、人才观和价值观。两者不能混淆在一起，我们作分析、评论，需要分开讲，这才是理性的态度、探讨问题的方法。

这位"前教师"没有从教师工作中得到自己想要的，失去了职业认同，所以下定决心离开，但她对教育工作的认识，以及做事方法都有很大偏差——不能因为指出甚至批评了这一点，就认为是在指责她的辞职，否认教师任务重、收入低。

职业收入和待遇会显著影响教师的职业认同感，职业认同又决定职业态度，进而锚定教育品质。故而，大幅度提升教师收入和待遇，吸引更优秀的人做教师，早已成为教育发展的常识、主流的社会舆论，一直在推动着各级政府努力改善。

同时，职业认知也影响职业认同。在我看来，教师职业尽管很平凡、收入不高，但它不是一个普通职业，是属于理想主义者的职业。

我完全不赞同"选择了教师，就选择了清贫"的观点，却同时认为这是一个需要奉献精神、担当精神，需要有点"明知山有虎，偏向虎山行"的英雄情结的职业。做一个好老师，会遇到各种各样的挑战，也会经常遇到两难选择，需要抉择。

教师的工作是在培养儿童青少年，塑造未来社会；儿童青少年身上有着自我发展、未来创造美好生活的责任，有对家庭的责任，以及对社会文明进步和国家建设应担当的责任——教师的工作质量会对这些产生影响，不能不慎重，不能敷衍了事。而且，教书育人有很大的难度，故而教师职业具有一定的专业要求，是需要智慧和专项技能，以及投入热情、发挥创造力，才能做好的工作。

教师建立这样的职业认知，才可能认同这份工作，"不轻看"自己的职业，生发敬畏之心、恭敬之心，开始"敬业"。

职业生活已成为国人生活的大半甚至是主体。选择做教师，终究要在教育教学中安置人生，以职业为核心体验人生，故而职业认同非常重要。稳固的职业认同是从重整、重建职业认知开始的，因为真正走上讲台后，教师才有真切的职业体验，原先的那些对教师职业的了解、想象等，会被冲击甚至颠覆。

积极地开掘职业价值，建立职业认同，是生命智慧。怎样高效地做呢？为自己做教师找充足的理由！至少找到三个！

比如，有小学老师说："看着刚入校时一个个天真幼稚的孩子，一转眼毕业时都成了阳光挺拔的少男少女，我就特别感慨和感动，觉得自己很幸福，活得有意义且责任重大。"

有中学老师说："天天与精力最充沛、有劲儿使不完的学生'斗智斗勇'，确实累，但觉得自己一直'保持年轻态'、不会老。"

林州市市直第三小学的李琳老师说："我把班级当作'试验田'，要在这里播下理想社会、理想公民的种子，浇上我的心血和汗水……"

李迪老师说，"因为挚爱讲台，我决定将自己和学生在一起的每一天都记录下来"，"倘若班里有几个调皮捣蛋的孩子，你永远都想不到他们第二天会给你出什么难题，有时我会感觉自己的每一天都惊心动魄"。已经出版了十多本教育专著的她，一定是把教育作为了最灵动、丰富的创作源泉。

有一句话叫"千金难买我乐意"，一个充足的理由就足以让你动力满满，生发出无穷的教育智慧，何况三个？我不愿你只是一个负责、勤奋的合格教师，希望你能成为一个快乐的教师、幸福的教师、有成就感的教师。

如何理解"成长为己"

成长为何？成长为己。这一理念源自先秦儒家学说，我认为对于教师思考专业成长很有现实启发意义。

在《论语·宪问》中，"至圣先师"孔子说："古之学者为己，今之学者为人。"我们的"成长"离不开"学习"，"学习"与"成长"两者几乎可以看作一个意思，所以我把"为己"的理念迁移过来谈论成长。

对于孔子这句话，有不同的解释。荀子在《劝学》中说，"为己之学"是"君子之学"，"以美其身"；"为人之学"则是"小人之学"，"以为禽犊"。意思是说，"为己之学"，目标在于丰富自己，自我完善，成就理想人格；"为人之学"，是把学习作为显耀于人前、谋求功名利禄的途径。钱穆、杨伯峻等大家也做过类似的解说。

还有一种解释认为，孔子没有将"为己"与"为人"割裂、对立，而"今之学者为人"不是指学习是为"迎合别人"、"为了交易"，而是"教化人""治理国家，服务大众"等。比如闫合作先生在其专著《论语说》中提出，古今"学者"指的是"学说"，而非"学习的目的"。

我更倾向于认同第二种解释，这更符合先秦儒家"内圣外王""修己以安人"的理想追求。教师专业成长，本质也是"为己""为人"的融合统一，"为己"是前提，是"为人"的必然条件。

教师秉持"成长为己"的理念，即是懂得成长的真正意义在于自觉的素养提升。教师"成长为己"，核心在于提升专业品质，我认为其具体可以落实到"两种素养、两种思维方式"上。

两种素养：第一，爱学习、求新知的习惯及它带来的丰富学识。第二，精神强大。不怕挫折，无惧孤独，不大在意世俗的眼光和评判。

做教师，就意味着不能停滞学习和成长，得有谦虚的品格、好学的习惯，就如名师于漪讲的"一辈子做教师，一辈子学做教师"。好学，能使教师具有看透事物本质的洞察力，进而建立起独立而稳定的价值体系，所以"精神强大"，表现为有自己坚持的教育追求和职业操守，不会轻易被外界的各种压力、诱惑等打乱内心秩序。

两种思维方式：第一，"行有不得，反求诸己"，善于自省和内求。第二，"设以身处其地而察其心"，善于共情与换位思考。

在具有专业品质的教师身上，我们会发现两种素养与两种思维方式的"矛盾共存"：知识渊博，却相当谦逊，最爱自我反思；教育理想不变，却能为了学生成长而多变。教师的这种"矛盾"存在，对于学生和教育而言却是幸运与福祉。

教师"成长为己"的理念中蕴含着两种"心向"：自我超越；创造幸福的教育人生。

《礼记》说，"人者，天地之心也"；《说文解字》说，"人，天地之性最贵者也"。人类在地球上创造了生物世界的发展奇迹，圣人感叹人是万物之灵，也是在教导后辈认识与发挥人的优势，坚守和发扬人之美好本性，因为这些是"人"的价值实现所仰仗的"核心素养"。

遗传因素与文化、环境的熏陶使我们每个人都会有独特的价值。但是，个体之间的差异是非常大的。好在人类本身就是进化的产物，具有强大的学习发展能力，我们每个人都可以通过后天的个人努力提升自己的"核心素养"。自我超越的"心向"，即是基于这样的认知。

教师树立自我超越的信念，"苟日新，日日新，又日新"，与教育的意蕴相一致，更是对学生成长的示范引领，无言胜有言。

创造幸福的教育人生，我认为是教师"成长为己"的核心；"为自己的幸福人生而教"应该成为每一位教师的勇敢宣言。

华南师范大学扈中平教授曾从哲学角度论述过"幸福是教育追求的终极价值"；事实上，这个论点教师自己也能从世俗生活当中琢磨得到。教育，从根本上看，不就是通过文化传承、精神激励、价值引导，让一代新人比前人更有本领、能耐，更加文明，创造更美好的世界与更加幸福的生活吗？尽管有短时期的倒退，有波折，有国家差异，总体上人类社会就是沿着这样的轨迹发展进步的，不然就不会有今天人类的高度文明，我们所处的世界不会是今天这个样子。

教师做的是推动和创造幸福生活的工作，教师理应是幸福的人。"幸福的教师"与美好的教育、"高质量发展"的教育有内在的逻辑关系。教师的职业幸福感不是教师个人的事情，毕竟与政府投入、学校管理理念等有直接而关键的联系；但近几年积极心理学的研究表明，幸福感是一种积极修为的能力，即能有效化解失败、失落带来的不良情绪，更能自我开掘快乐、满足与自豪的积极情绪体验。

故而，创造幸福的教育人生，教师其实有很大的主动权，高效地让自己成长，赢得更多的教育成功，就能收获幸福。

成长是人生之本。"君子务本，本立而道生"，教师高效成长即是务本，修己安人，立己达人。更好地为学生成长创造环境、条件，提供更有价值的帮助和支持，教师的幸福大道就在脚下。

教师的成功都是"厚积薄发"

郑州市科技工业学校的李迪老师，好似一个奇迹的存在。一所中职学校里一个女教师能成为"全国著名班主任"，出乎很多人的想象。

李迪没有像有些名师、名班主任那样"昙花一现"，十多年来名气越来越响，荣誉越来越高，成为继魏书生、张万祥、李镇西、万玮等之后又一位优秀班主任的"符号式"代表性人物。当选首届"河南最美教师"，她"定义"了新时代优秀教师的新形象。

1994年大学毕业后，李迪就一直在郑州市科技工业学校教音乐课。1997年，许多人眼里单纯、活泼，而且时常被顽皮学生气得掉眼泪的李迪，做了幼儿教育班的班主任。那时没有人会想到她能在这个岗位取得不俗的成绩。在接下来的十年间，李迪默默无闻，但她在"沉默"中用自己的心灵触摸班主任岗位，琢磨它、热爱它，一直用自己的勤奋在"厚积"着"薄发"的力量。

2007年，从未想"薄发"的李迪一下子"薄发"了。一是她的教育随笔、散文，以及班级工作日记，被收入《教师博览·行者文丛》，在岁尾年初以《李迪文集》的名字出版了四卷——《我班有女初长成》（上、下两册）、《涉江采芙蓉》、《她不仅仅只叫"刺麻苔"》。2008年1月我采访她时，第五卷也正在出版之中。德育专家、名班主任张万祥称李迪的文字是"流淌着真情感、真艺术、真反思的教育诗"，并为《李迪文集》题写了序言。

二是李迪以"班主任工作专家"的身份成功亮相。2007年10月13日，李迪应邀到西安作班主任工作报告，与之同台讲课的有李镇西、田恒平等教育名家。下午1点，李迪以自己设计的爱情系列教育班会为例，开讲《班级活动的组织与策划》。午后时段人们最容易困倦，李迪为自己定下的目标是打瞌睡的老师不超过一半，但她的精彩报告深深吸引了台下的老师，"只有两个老师打盹一小会儿"。

三是她获得"全国班主任心灵写诗"金笔奖。全国共6人获奖，李镇西是第一名，李迪是第二名，她还与李老师建立了师生之谊。

四是李迪还很"意外"地通过层层考核，获得"郑州市名师"的荣誉称号；之后，她又当选郑州市名班主任工作室主持人。

这一年，李迪身上一下子环绕了许多耀眼的光环，但她说自己教学时并"没有任何的功利目的"，就是凭着良知带班、教导学生，根据自己的性情和爱好做事、想点子、记录心得体会，没有想着要"薄发"。

与很多老师一样，李迪也是从当时火爆的教育网络论坛上获得了巨大的成长力量。

2006年1月25日，李迪在"教育在线论坛"上看到了张万祥依托网络开设"班主任专业成长进修班"的通知。当时的要求是：必须是在岗班主任，在论坛发帖超过10万字，至少有一个主题帖被评为精华帖。

看到这个消息，渴望长进的李迪赶快报名，然后用整整一个下午的时间，将自己一学期来15万字的班级工作日记一篇篇发到论坛上。

第一次"网上追师",李迪虽然入围,但没能如愿。并非李迪不够优秀,而是李迪的"网龄"不够,加上张老师时间、精力有限,做了名额限制。不过张万祥对李迪的印象极好,不仅给李迪寄了自己编著的《新德育资料库》一书,还给李迪发来了进修班学员学习资料。李迪则把自己当成了班外学员:张万祥为进修班学员推荐的必读书籍,李迪一本本买来认真研读;张万祥给进修班学员布置的作业,李迪一旦知道,就早早完成提交……

李迪的勤奋、上进给张万祥留下了深刻的印象,因此对李迪的成长给予了很多关注。

当年期末,李迪为没有评上学校的优秀班主任而感到委屈,写了一篇文章。张万祥看到后发来一封长信,开导她"心无旁骛、持之以恒地走自己的路","不让世俗的名利羁绊自己前进的步伐"。

李迪还在网上遇到了另一位良师——北京教育科学研究所研究员王晓春。当李迪在为一个"问题学生"而忙得焦头烂额时,王晓春详细分析了李迪的工作失误,提出了指导建议。读了李迪的系列班级工作日记后,王晓春非常感兴趣,"想替她当这个班主任"。在李迪的要求下,王晓春及其助手参与了她的班级管理。在专家的指导下,李迪班级的班风日渐好转,学生也与李迪建立了深厚的感情。

李迪单纯、真诚、"多愁善感",不少人说"看李迪的外表和性格,不像个班主任",因为不够严厉。很多人不解:这样的人怎么能做好班主任工作呢?尤其是在职业学校,"问题学生"格外多,没有一些威严和手段怎么行呢?

但李迪正是将真诚、真性情及"一颗年轻的心"视作自己的优势。另外,她把音乐教师特有的诗意和艺术气质带到了班级工作中。比如,根据学生的特点,结合花草的意义给班级命名,以此寄托她对学生成长的期望。

有一届学生个个刁钻古怪,她便用校园里有着旺盛生命力、满身是刺的"刺麻苔"来称呼班级。这似乎不雅的名称里蕴藏着李迪对学生的真爱:"这花带刺,极其普通,生长在校园最贫瘠的土地上,却郁郁葱葱、蓬蓬勃勃,我们都叫它刺麻苔,而忘记了它美丽、高贵的名字——蔷薇。我觉得这些个性张扬、桀骜不驯的学生就像刺麻苔。我不求他们能像牡丹、水仙、玫瑰那样'成名''成家',只希望他们能成为自食其力、身心健康、遵纪守法的好公民。"有一届学生"沉稳"了许多,她和学生们一起为班级起名为"薰衣草班"。此外,李迪还和学生一起创作班歌,精心布置教室,用别致的班级文化影响每一位学生。

李迪更善于借助故事和自己的人生体验来引导学生,她开班会就是讲故事和搞活动。

面对外班男生疯狂追求本班女生的"严峻"形势,李迪循循善诱。她先肯定"被人追求是好事",然后站在学生的角度提出必须面对的现实问题:"这些追求者良莠不齐,而我们一生只有一个人是自己的另一半,你该如何选择?"接着,启发学生自由谈论两个话题:将来我要找一个什么样的男朋友?我想找的男朋友这么优秀,他的身边会不会缺乏女孩子?再引导学生思考她们自己应该具备怎样的素质。最后,大家通过讨论,达成共识:1.我们必须有责任心,勤劳善良,善解人意,孝敬父母;2.温柔大方,有修养,素质高,有一技之长;3.举止优雅,自尊、自爱、自强,能吃苦。本来是谈爱情,最后却落实到提高学生的自身素质上,李迪把学生的思想引到了更高的境界。

李迪用自己真实的一面面对学生,从不装腔作势或刻意掩饰自己的情绪。通常,在学生毕业前召开的最后一个爱情教育班会上,她会告诉学生:为了婚姻幸福,爱情来临时,"你不妨自私些"。有时被蛮横的学生气急了,她从不强忍自己的泪水。她说:"泪水并不意味着软弱,对于女教师而言,眼泪也是一种力量。无论男人,还是女人,都应该好好珍惜和利用自己的性别优势去生活、工作。"

最初做班主任,很多老师都会经历依靠自己的性情、个性和感觉带班的阶段，这是一种"本色管理"。但教育教学工作不能只靠吃老本，凭直觉、经验及善良的心，随着与年龄相关的种种优势的削弱及经验局限，必须创新，讲究策略，有预设能力。教师不能总是等学生"制造"出问题、事件之后，才去解决，而是应该主动出击。

为提升能力，李迪在各种培训、大量读书之外，还自费"跨界"学习心理学、管理学等方面的课程，保持不间断地"充电"状态。这让李迪在班级建设、学生教育引导中有了源源不断的智慧输入：她策划各种各样的有趣活动，学生过剩的精力都用到了有意义的事情上，不知不觉间素养提升了；她做好各种预案，未雨绸缪，把问题消灭在萌芽状态……

作为中职学校的教师，李迪面对的学生大多是中招考试的"失败者"、普通高中的"淘汰者"，甚至是让家长灰心后，心理上的"遗弃者"。学生普遍缺乏良好的学习、生活习惯，自信心不足，对教学秩序的破坏力却很强。然而，经过李迪几年的言传身教，很多学生改变了对人对事对生活的态度，提升了认知、能力和修养。

李迪的成功还体现在教学相长，让自己升级为"班主任工作专家"。如果说李迪能为教师成长带来哪些启示，我认为有两个关键词：一个是"真"，真诚，真心，真实；另一个是"厚积薄发"。其实，教师的成功都是"厚积薄发"！

践行自己的师道，生长自己的师德

2015年，李迪受邀参加"首届河南最美教师"评选活动，她的孩子、同学知道后都劝她退出："你趁早连材料都不要写。人家为了工作满身是病、未老先衰，家庭也不要，孩子也不管……"

他们的话不禁让李迪再次陷入沉思："最美教师"的含义究竟是什么？难道就是为工作舍弃家庭幸福和健康美貌，未老先衰？难道我们在工作上无私奉献，最终却要以失去健康、幸福甚至生命为代价吗？这样的付出是应该的吗？这是教育的本质、人生的真谛吗？

经过深思熟虑，李迪坚定了参评最美教师、树立美的教师新形象的决心。

在"首届河南最美教师"颁奖典礼的绚丽舞台上，衣着中国元素服饰、气质优雅的李迪登场领奖，光彩照人，颁奖典礼主持人、央视著名主持人海霞不由得夸赞"太美了"。在简短的现场互动中李迪说："每一个教师都应该美美地活着……以自己的美，引导学生去感知美，了解美，爱美，追求美，进而成就自己美丽的人生。"

让自己成为一个优雅、美丽的教师，不仅引导学生，更影响更多的教师去创造幸福的教育人生，是李迪的心愿。

2009年，李迪出版《做学生欢迎的班主任》；2010年，出版《我和学生谈爱情——将爱情教育进行到底》；2018年，出版《做一个灵魂有香气的女教师》……她在不断用教育智慧收获教育的成功，提升着教育的价值，不遗余力地传播着教育智慧。

随着自媒体崛起，李迪又开通"李迪德育"的个人微信公众号，一边教学，一边记录教育工作中的思考、感悟，笔耕不辍。她说："我是用我的灵动的心在写，没有任何功利性的目的，因此写作对我来说是一种乐趣，是思想的释放和心灵的放松。"

如今的李迪常常一边熬粥，一边跳健美操；一边散步，一边听有声书；一边外出开讲座感染别人，一边在火车站和飞机上读书补充能量。她在美美地活着，把工作、生活都当作"丰盈智慧""修炼美丽"的行走。

李迪的教育生活状态在启迪我们思考一个非常重要的问题：教师需要什么样的师德教育？

师德不应成为教师身上的一道枷锁，被道德绑架的一个沉重负担，而应能够帮助教师走向教育成功、有更多的幸福体验的"生命智慧"。所以，在国家既定的师德规范框架之内，教师自己需要有所建构。怎么做呢？确认自己的"师道"，在践行当中培植职业心态、锤炼职业品质、树立职业信念。这样的师德才是从自己内心生长起来的，而非外在的"道德压力"。

千百年来的文化积淀中，师道已成为一种"客观存在"，有基本的规范、原则、标准，但从实践视角看，千姿百态——那些优秀教师、卓越教师都自有师道，他们的生活方式、生活态度为师道做了独具个性的诠释。比如，李迪就展现出"读书、实践、写作、智慧分享"之师道。选择自己喜欢的、让自己感到快乐、有价值的师道，研究，践行，修炼，感悟，就能收获幸福的教育人生，形成有着自己鲜明个性、鲜活的教育生活哲学——师德智慧。

李迪面对的教学困难，尤其是学生制造的问题，很多是优质高中的教师想不到、遇不到的。比如，她的《我和学生谈爱情——将爱情教育进行到底》一书中就记录了许多经典案例。每个案例当中都有心力交瘁的父母，有些事情用惊心动魄形容也不过分，而李迪以智慧把将要"决堤"的青春荷尔蒙疏导到了正确的方向，无形当中化解了很多潜在的社会问题，成就了一个个幸福的家庭。

与学生"过招"，解决教育难题，写作……并不轻松，有精神的煎熬、身体的劳累，但其中蕴藏着巨大的成就感，李迪发现了这样的教育生活方式的价值。这些经验、体验与心得汇聚成"做一个灵魂有香气的女教师"，从外在的形象、行动到内在精神追求，为学生做可见可学的示范引领。这何尝不是女教师可以借鉴的一种师道与师德？

教师并不只是奉献者——而奉献是传统师德教育尤为看重的。李迪新的、美的教师形象，诠释了一种新师德观——以建立教育信念为起点，以自我建构为路径，以专业成长为核心，以幸福教育人生为旨归。

成长为己的理念和新师德观，将有力激活教师成长的"动力系统"。成长，为了更完善的自我；为了教学更为顺当、游刃有余，获得成就感和幸福感；为了学生健康成长、身心和谐发展；为了更优品质的教育；为了社会更文明，国家更强盛……由内及外，由我及人，每一个美好的目标都能让人动力澎湃。

法则3：真实成长
——解读张硕果

有没有这样的经历？——虽然我们时常使用一些词汇、语言，但实际上很少思考它们的真义与深意。

比如成长，这是教师经常谈论到的概念，不管是对学生讲，还是说自身，时常挂在嘴边、写进文章里、输入到PPT上……那么，到底何谓成长？成长意味着什么呢？你有没有探究和思考过呢？

成长寄语：

每个人都是自己的雕刻刀。真正的成长，一定源自内心的力量。

张硕果

微档案

张硕果：新教育发展中心主任。教育硕士，国家二级心理咨询师，首届河南最具影响力教师特别奖获得者，2010年度"全国推动读书十大人物"之一，《教师月刊》2014"年度教师"，2014"阅读改变中国"年度点灯人，新教育首届"年度人物"（2016年）。

成长与成功的同步统一

成长,就是让身心走出旧有的格局,与渴望和追求的那个更美好的自己不断约会。

成长,就是自己与自己和解的旅程。做你没做过的事情叫成长,做你不愿意做的事情叫改变,做你不敢做的事情叫突破。

成长,就是你开始接受你原本接受不了的事情,开始承担你从前承担不了的责任。

这是我从一些名师谈论成长的文章、言论中摘取出来的观点,非常吸睛,有感染力和启迪性。我觉得,当教师能够提出自己的成长感悟、给出自己的一些定义的时候,就开始触摸成长的本质,开始了"真实成长"。

如果我们不能洞察成长的实质、本质,成长难免就会走偏,沉浸在"虚假成长"营造的亢奋与满足氛围之中,做着买椟还珠之事。

比如,有青年教师设定自己的成长规划时,说自己要在几年之内成为学校的骨干教师,随后成为县市骨干教师、省名师;有的老师说,我要在优质课大赛中获奖,获得"一师一优课"部级推荐;有的瞄准省优秀班主任荣誉,成为省名班主任工作室主持人……

敢于树立这样的成长目标,表明教师有进取心,有成长的动力,应该赞扬、鼓励。这也是教师创造自己美好教育人生的正当权利和途径。因为荣誉、成绩对教师的工作和生活境遇影响很大,还直接提振教师的自信心,改善职业心态。不过,需要明白的是:荣誉、成绩代表着一种成功,能算得上是成长的一个物化的证明物,而并非成长本身。我们正大光明地追求这些荣誉、成绩,但一定不要忘记盘点这些荣誉、成绩给自己的能力、素养、境界带来了多大提升。

在《教育时报》举办的河南最具成长力教师、河南最具智慧力班主任宣传推介活动中，我不止一次发现有老师流露出这样的一种思绪：站在绚丽的舞台上接受鲜花和奖杯，很开心，但同时很忐忑和疑惑——我这就成名师了？

这其中，有低估自己实力的"达克效应"认知偏差，有的则是"名实相符"压力所带来的一种心理反应。

这种情况在优质课大赛中也常见。参赛的优质课往往集众人智慧、反复打磨和演练，甚至是学生配合出来的课堂展示，并不能真实反映老师的课堂教学实力。

我在采访首届河南最具影响力教师特别奖获得者张硕果时，她说有一次代表学校参加省优质课大赛，为了那节课，几个月茶饭不香，比赛之前累得几乎失音，最终获得了一等奖第一名，可欣喜之余又惴惴不安，"生怕别人再提起"。这种感受源于成长与成功的不同步、不统一。

我认为，人生的本质就是两件事——成长与成功。成长，彰显生命力量；成功，实现生命价值。

每个人的价值观决定着对成功的理解，故而有了各种各样的追求目标，也正因为千差万别，才有了五彩斑斓的世界。人类社会的进步就是由多种多样、丰富多彩的成功所推动的，教师所要做的就是引领、指导学生成长，不断增进对成功的内涵和品质的理解，创造机会和平台帮助学生体验成功。

那么，教师专业成长首要的一件事，即厘清成长与成功的不同内涵。

教育教学工作看似繁杂琐碎，却是能够分门别类的，而且都一一对应着能力素养要求或标准。当我们能够认清人生的本质，完成认知升级，完全可以将课堂、教室变成自己"提升能力，精进认知；磨炼心志，完善人格"的"修行道场"，每天提升、完善一点点，形成好习惯、好品质，真实成长就发生了。

再结合具体的教育教学工作，给自己设定一个个小目标，教师就能赢得各式各样的小成功，直至"惊人"的大成功。

教育教学是实践性工作，由一件件具体的事儿构成连续性的正向影响力，所以教师需要综合运用一些专业的技能、素养。比如，布置教室时的审美素养，穿衣打扮得体的形象设计能力，教导学生的演讲能力、沟通和说服人的技能，发现和使用"新工具"的技能……缺乏某些方面的能力，好的教学理念落实就要打折扣，如课堂秩序可能就无法维持。

有教育专家提醒，不能把教学降低到技术层面，不能把教育变成"体力劳动"，直指教育教学当中教师少了"心灵融入"、忽视学生学习体验和可持续发展现象。这个观点切中教育时弊，的确需要引起重视和反思。

不过，在我看来，教育教学中，大多数教师还远未做到可以"炫技"的高度，反倒是专业技能、素养的匮乏在降低教育教学的品质。这些年，那些成为关注热点而"刷屏"、被称为"网红好老师、好校长"的，恰恰是在某些方面显现出高超技能的教师。比如，课间操领着学生跳"鬼步舞"的张鹏飞校长，创作出"学生肖像漫画版"期末评语的洪燕老师、卢煜老师，把学生评语变成诗词书法作品的陶鸿老师、陈静老师，等等。网友们赞叹他们"有才"，更"暖心"于他们的"用心"和教育情怀。

教师的真实成长，体现在扎扎实实、实实在在地提升能力，拓展能力边界，提高修养素养。所以，当我们谈论成长时，转换一下——把成长变成"我擅长"，聚焦具体的某项技能、能力、习惯、品格，进而结合工作实际，制订出自己的修炼目标和规划。

从"我擅长"开始，行动，反思，行动，成功……让成功与成长同步、统一。这是我理解的真实成长。

教师需要建立什么样的心智模式

2016年，有一本书经历了"火冰两重天"。书最终因"质量不佳"下架了，但作者创造的"巨婴"概念传播开来。

所谓巨婴，即心理状态、思维和行为方式与已成熟的年龄标签极不相称的那些人，其心理、精神似乎未曾发育，人格低幼化。

巨婴！简洁、形象、精准地揭示出一些社会现象及事件背后人们的心理与人格状态：以自我为中心，缺失责任心及基本的是非观，无视规则，行为情绪化，等等。

2018年年底，《咬文嚼字》编辑部公布"2018年十大流行语"，"巨婴"一词入选；2020年《半月谈内部版》第4期刊发文章《巨婴症，在疫情中现形》，再次怒批当下一些成年人的巨婴之态……从舆论看，巨婴已经成为"现象级"的社会问题。

为何谈论教师成长时联想到巨婴？因为在我看来，它给教师成长提出了两个新命题：

1. 教师的真实成长，不可忽视精神和人格的维度，只有知识技能水平的提升是不完整的，要追求精神的伟岸、人格的强健；

2. 发挥自己教书育人的专业能力，引领学生的精神成长，避免滑向巨婴。

从表面上看，巨婴是心理不成熟、品德有缺失，可往深处探究，却能发现根源是认知层次低、思维简单化的"理性不足"，所以才错误地归纳、总结和运用自认为正确的一些"规律"。

品德构建、精神成长、人格强健需要知识积累，但根本在于提升认知力，建立开放多元的思维方式，具备深度观察生活、社会和思考问题的能力。

1943年，苏格兰心理学家肯尼思·克雷克提出了"心智模式"的概念，借助它，人们开始更清晰地认识自身并讨论成长话题。1990年，美国麻省理工学院斯隆管理学院教授彼得·圣吉在其后来成为经典的著作《第五项修炼》中使用了"心智模式"概念，并进一步给出了释义：根深蒂固存在于人们心中，影响如何理解这个世界（包括我们自己、他人、组织和整个世界），以及如何采取行动的诸多假设、成见、逻辑、规则，甚至图像、印象等。

根据彼得·圣吉的解释，心智模式是由认知能力、思维方式、价值观等综合形成的一套信息处理与行动反应程序，它存在于我们的潜意识当中，自动运转，悄无声息地决定着我们的思考、判断及决策、行动方式。换言之，如果我们对自己的心智模式毫无觉察，那人生境遇就将被它掌控、套牢。

我们重视丰富知识、完善知识结构，提升认知水平，但总是有边界的，即理性有限。但是，如果我们借助一些方法，觉察自己的心智模式，发现不足、问题，不断地修正、完善，就能够让自己迅速成长，拓展新认知，适应新情况，应对新挑战，变得更加优秀。

对于改善心智模式，彼得·圣吉提出，本质是"把镜子转向自己"，弄清楚自己的观念、行为是如何形成的；以"新眼睛"获得新信息，建立新理念、新习惯，形成新意识。这些方法老师们一定会感到似曾相识——与做自我教学反思，向卓越者学习，勇于实践创新，实质上是一致的。

教师真实成长，要觉察和完善自己的心智模式。那么有没有一个什么样的标准，或者说教师要建立什么样的心智模式？我觉得有关键的三点。

第一是成长型思维，或者说是自我超越人格。成长型思维是美国斯坦福大学行为心理学家卡罗尔·德韦克教授提出的概念。这一思维模式的背后是成长信念——相信人有巨大的可能性与可塑性，能力是拓展出来的，把挑战视作机会，主动创新与改变。

大智慧都是相通的。《大学》开篇讲"大学之道，在明明德，在亲民，在止于至善"，就与成长型思维异曲同工。我认为，成长型思维，本质上是不断自我超越的信念，也是教育的核心精神，对于以教书育人为业的教师而言至关重要。教师通过不断的自我激励、自我暗示与实践力行，这一思维、信念就能够进入潜意识，化为自己的积极人格，终身受益。

第二和第三点与当代中国教师的使命有关。北京师范大学教授肖川的经典著作《教育的理想与信念》《教育的智慧与真情》中写道：

> 个人的自由、群体的和谐、社会的公正，人类的福祉与尊严，全系于良好的教育。

> 每一个教育者都应站在改造国民性、重塑民魂的高度，审慎地规划教育行动，解放被禁锢的心智，舒展被束缚的个性，使僵化的头脑能够异想天开，使萎缩的人格大放异彩。

> 今天我们这一代人所肩负的历史使命是发展市场经济，完善民主政治，促进个人的自由充分地发展。

肖教授对教育的价值和教师的使命作了很精辟的阐述。我想，未必每位教师都有那样高的教育境界与追求，每个人都有按照自己的意愿生活的权利，所以我坚持认为，理想的教育只能是秉持理想主义的教师的成就，是卓越教师的使命。

如何能担当这历史使命？我认为教师非得清除意识深层那传承了上千年的"文化基因"中与现代文明格格不入的"底层代码"，如膜拜和依附权力，漠视个人价值和权利，不求真，不求公平正义，等等；进而建立为民主社会和法治国家培养合格公民之新的思想意识，概括就是"独立之精神，自由之思想"。

自我超越的人格，独立之精神，自由之思想——三足鼎立，支撑起教师先进的心智模式。它能让你成为有思想的教师、有精神感召力的教师、有人格魅力的教师。

觉察与改进心智模式，是高于技能层次的成长。可以这样类比：提升技能是为计算机安装新的应用软件程序，而心智模式更新是升级计算机操作系统，修复漏洞，提升算力。

中国的社会现实为教师提出新命题、新使命，非成长不能面对。我想，教师重视心智模式建设，就引领学生也运用这个理论，一起高效成长，真实成长。

避开教师成长路上的三个陷阱

在省级优质课大赛夺冠成名，随后几轮过关入选"河南省中小学百名教育教学专家"；提高学历读教育硕士，再到成为市教育科学研究所研究员；没有借力行政资源，以一己之力带动一个市成为新教育实验示范区；以新教育探索为信念，让更加美好的教育影响教师、学生和家长的生命状态和人生走向……张硕果展现了一个教师连续"生命突围"的生动图景。

张硕果曾是焦作市一所普通高中的历史教师。这所学校也是她的中学母校，大学毕业后她又回到了这里，实际上年龄也只比学生大几岁而已。

多年前我第一次采访张硕果时，她告诉我，那个时候根本没有专业成长的概念，与很多老师一样，几乎不读什么教育类图书，上课全凭大学时学到的那点知识，以及"自己的伶牙俐齿"和一些经验。

因为学校除了对班级秩序、学生的纪律和考试成绩有要求外，其他方面基本不管，外出培训学习几乎没有，老师们普遍对专业成长"无感"。而张硕果整天想的是如何提升生活品位，更愿意把时间放在生活的经营上：课余，她热衷于做服装设计，还拿到了国家级导游员的资质证，期待着说走就走的旅行……张硕果觉得做教师就是一份拿工资的工作而已，所以有意地要把教学和生活之间定个界限，区分清楚，不让工作影响生活。

这样的潇洒日子过了几年，一次省级优质课大赛机会改变了张硕果的人生轨迹，把她从教师成长道路上的一个陷阱边缘拉了回来。

这个陷阱就是对教师职业只是稻粱谋的认识、要把教学和生活刻意分开的做法。教师的确需要通过教学工作挣一份工资养家糊口，生存发展，但这怎么会是它的全部价值呢？另外，试图把教学和生活完全区分开，则无视了这个职业的特点。

教师有休息权，工作时间不能超过劳动法的相关规定是明确的。但是，教育教学需要创造性，以与学生及其监护人良好沟通为基础，需要老师思考、创新和不断学习。批改学生作业、备课、沟通等工作，包括坏情绪，尽量不带回家，不占休息日，可对教育教学的思考、学习一定是不论上班下班的。

热爱生活，有生活情趣，懂得提升生活品位和享受生活，不是"罪"，反而更有教育优势，因为"教育即生活，生活即教育"。教师要懂得教育人生的这个"活法"，否则就可能掉入成长陷阱，首先被学生"抛弃"。

张硕果大学就迷恋文学、音乐，还常在校报校刊发表诗歌散文，身上的文艺气息让她从年轻教师当中脱颖而出，成为省优质课大赛的不二人选。凭借自己的努力和集体的智慧，这次大赛她获得了一等奖第一名的优异成绩，身上一下子就有了光环。

这之后，张硕果多次参加各类比赛并获奖，2000年她又一路过关斩将，从全省70万名中小学教师中脱颖而出，成为73名教育教学专家之一，并到河南大学、华东师范大学进行了为期一年的脱产学习。

与很多老师一样，张硕果有段时间也热衷于参赛，获奖之后很自豪，觉得"证明了自己"。也许是边际效应出现，后来她有了自我反思：自己的发展或价值难道就是获得一些证书吗？教师专业发展的意义和目的到底是什么呢？什么样的生活才是自己真正想要的呢？这样的思考把她从教师成长的又一个陷阱边上拉开。

这个陷阱是迷恋于错误的目标。方向错误是致命性的错误，错误的目标一定会阻碍自己的成长。追求荣誉、比赛获奖等无可非议，这是人之常情，但如若不弄清楚它对自己的意义和价值，就可能成为错误的目标。正确的目标一定适宜长期追求，是契合自己的兴趣爱好、特长和价值观的。

在对教育人生的思考当中，张硕果2002年通过全国教育硕士联考，以优异的成绩进入河南师范大学提升学历，重新回到大学校园。这是张硕果自己在专业成长道路上的一次主动规划，系统的学习让自己具备了一定的学术研究基础。2004年，她进入焦作市教科所工作。

不过，在回顾这段经历时，张硕果坦诚地说虽然提升自己的目标明确，但为何提升，到底教育人生往哪个方向走，并不是很清晰，想从现实突围，想自我突破，却找不到"扎根的感觉"。

2006年，焦作市教育局启动"教师人文素养拓展计划"，有一次邀请苏州大学教授、新教育实验发起人朱永新来焦作讲学，张硕果具体组织这次活动，结识了朱教授，初步了解了新教育实验。

2007年3月，新教育实验课题研究中心组织贵州支教活动，邀请张硕果参加，她欣然前往。这次支教活动时间并不长，只有一个月，但张硕果的心灵受到了很大的震撼。一方面，她见识了干国祥、王开东、马玲及其他支教教师的工作状态、学习状态和对教育的见解，这些名师与之前遇见的名师大不相同；另一方面，深入了解了新教育实验的主张、教育改革行动，这样的教育形态也让她向往。张硕果说自己一下子豁然开朗，明白了自己要做什么。这一次，是她早早地看到了那个陷阱，奔跑着躲开，"向那明亮一方"。

这个陷阱就是安逸舒适区。有多少老师在取得了一定的成绩、荣誉，走上了一定高度的职位后，心满意足，选择了安逸轻闲的生活方式，又有多少老师羡慕这样的生活啊。

当然，这样的选择完全符合人性，不应受到指责。不过，年纪轻轻迷恋舒适安逸，不再成长，也必须承担某一天可能突然"被出局"的巨大风险。古有警句"生于忧患，死于安乐"，今有职场箴言"痴迷于舒适区，是对自己最大的残忍"，讲的都是同一个浅显的道理。

当今时代最大的确定性是不确定性，可能它"抛弃你时连一句再见都不会说"。对外界环境变化保持敏感，对自身的状态始终清醒，我们才能够拥有适应力和成长力，具有核心竞争力。

教师从走上讲台的那一刻起，就开始真正培育自己的另一个生命——职业生命。生活中我们可能会有这样的观察感受——中医越老越吃香，而老师却随着年龄增长似乎越来越得不到信任，不再受欢迎，这是为什么呢？

张硕果专业成长道路上三个关键节点的境遇、选择，能给教师呵护职业生命之树长青带来启示。

把更多的"美好"请进生命里

新教育实验是由朱永新先生发起、推动的一项基础教育改革探索，力图通过再造教育的过程，改变教师、学生的生命状态。

"晨诵、午读、暮省的'毛虫与蝴蝶'实验"——为学生寻找、推荐和领读适合的书籍，在他们的心田里播下善良、感恩、坚持、信念、宽容等一粒又一粒种子，丰富"智力背景"，为精神成长提供营养。

"师生共写随笔"——养成记录和反思的习惯，一起自主成长。当时，新教育实验提出的"六大行动"，都指向改造老师和学生早已经厌倦的应试教育模式，打破封闭的学习环境，让校园生活丰富多彩。单单是建设书香校园的目标，就让张硕果非常向往。

在高中教学时，张硕果就经常利用晚自修的时间给学生读精彩的文章，与学生探讨人生、生命及社会的一些话题，那时候她的想法是借助这个方式为学生减减压。她说，多年之后偶遇教过的学生时，学生提到最多的便是晚自修时的美好感觉。

　　咀嚼这段经历，张硕果触摸到了教师生命的价值感，感受到了新教育之"新"，同时真真切切感受到一种前所未有的成长压力，对成长充满渴望。这种渴望是思想深度的挖掘，是对教育教学的深刻理解，是自身影响力的提升。

　　相信新教育实验能够阻止教育的异化，能够给师生带来幸福完整的教育生活，从贵州支教回来，张硕果就不遗余力地推动新教育实验在焦作市的落地扎根。她在焦作市各个县区的小学一所所游说，报告一场接一场，为老师们上绘本示范课，手把手教老师登录新教育实验网站论坛"教育在线"开帖发布教育随笔……

　　新教育实验是深刻的教育行动研究，为保证实验的可控性和高质量，张硕果采取了确定实验学校、实验教师（班级）的做法。她将这个过程称为"寻找'与自己尺码相同'的人"——中途有老师掉队，但不断有老师加入进来，队伍越来越壮大。经过几年辛勤耕耘，没有行政推动的轰轰烈烈，新教育实验学校和班级却覆盖整个焦作市，还辐射省内其他一些市县。

　　焦东路小学的杨彀老师曾是一只"编外毛虫"。她喜欢阅读，对书籍的力量深信不疑，但在引导学生读书方面一直没有突破。学校启动"毛虫与蝴蝶"实验后，她没有被确定为实验教师，但自己向实验教师借阅学习资料，并到"教育在线"阅读实验教师的文章，自己钻研琢磨，"偷偷"上路。

　　"教育在线"上，焦作新教育实验教师的交流帖子不仅数量多，而且质量很高，不少帖子成为全国各地实验教师学习的"热帖""精华帖"，被"置顶"推荐。

　　2009年冬天，张硕果发起成立焦作市教师的"润德屋书友会"，面向全市招募渴望专业成长的教师，以阅读、反思和写作的方式从旧的教育生活中"突围"出来。在"润德屋"的影响下，"武陟读书会""圪垱店毛虫团队""四棵柳读书沙龙""追梦读书之旅"等不同层次的教师读书团队也如雨后春笋般发展起来，寻求构建全新精神世界的教师越来越多。

因为影响巨大，2010年张硕果入选《中国教育报》"全国推动读书十大人物"。

新教育的理念也在实践当中逐渐完善与丰富，"研发卓越课程，缔造完美教室"随后成为新教育实验的统领性新行动。"完美教室"的缔造是融从教室学习环境改造、班级文化建设到班级课程开发和家校育人共同体构建于一体的综合性教育创新，对教师的要求更高了。

张硕果与老师们一起探索实验，改变了生命状态和精神追求的教师，既会独立思考又勇于教学创新，宋新菊的"小梅花班"、党玲芬的"丁香班"、薛海波的"竹节轩班"、马哲的"春芽班"、史淑娟的"小树苗班"等很快就全国闻名，陆续成为全国新教育"完美教室"，赵素香、常瑞霞、齐加全、毛莹、李之梅等，以及薛志芳校长、李玉梅校长、王健校长等，陆续获得全国新教育"完美教室""榜样教师"和"智慧校长"各类荣誉称号。

沁阳市第四小学地处城乡接合部，办学条件较差，学生流失严重，老师们也没有了干劲儿。而新教育让学校的白娜老师找回了工作激情，在"晨诵、午读、暮省"之外，她开发"亲子课程""共读课程"，一点点赢得学生与家长的心。到五年级时，班里的学生就从原先一年级时的18名增加到了83名，成了超大班，白老师书写了自己教育生涯的一段传奇。

2012年中央电视台《读书》栏目推出"寻找中国最会读书的孩子——我的一本课外书"暑期特别节目，在全国各地海选30位"最会读书"的孩子参加节目录制，焦作市就有5名中小学生入选，焦作市马村区工人村小学赵素香班里的学生崔靖文还获得"全国十佳读书小榜样"称号。2018年，崔靖文以复旦大学河南最高分的优异成绩进入心仪的大学。这些对于一个三线城市的教育来说就是一个奇迹。奇迹的背后，是新教育实验数年如一日扎扎实实地做阅读推广。

2014年5月，河南省校讯通第十届书香班级评选结果揭晓，焦作市的成绩再次让人赞叹：近 700 个获奖班级和个人中，焦作达 179 个班级和个人，占据"绝对优势"。

新教育实验同样积极影响学生家长，改变家教理念和方法，与学校形成教育合力。2018 年，张硕果联手焦作市图书馆推出"新教育、新父母、新孩子"家庭教育系列公益论坛，每月最后一个周末上午定时推出，邀请本土教育领域和心理学界的专家学者、榜样教师面向社会传播先进的家庭教育理念和方法。数年时间从不间断，影响了无数家庭。

溯源成长动力，张硕果常会提到《夏洛的网》。这个故事让她共鸣，激励她有了像夏洛一样的信念：与老师们"相互编织"，启迪更多的人也成为夏洛，创造幸福而完整的教育生活，成为托举学生生命成长的力量，改变一间间教室，让学生获得更好的成长环境和有力支持。

回首走过的路，张硕果感慨，"生命因未知和遇见而美丽"。这是关于成长的一个精彩表达——不断地拓展未知，遇见美好，展现生命的力量。

成长，是属于生命的、神圣的词语，与生命的尊严有关；所以，真正的成长必须是生命的自由力量自主主导的。

很多教师厌倦僵化的教育生活，却无奈、无力，但成长带来了"柳暗花明"：他们遇见了数不清的好书、好电影，懂得了诗歌的美、音乐的力量，觉察到了教育被遮蔽的诗意和浪漫；也因为成长，发现了学生的可爱，看到了学生的潜力与种种可能性；更学会了灵动地表达自己的教育发现。这一切的美好让教师从内心生发成就感，获得幸福教育的感觉。

珍视生命的教师，就会拓展生命活动疆域，学会夏洛的"编织"，把更多的美好事物请进自己的生命里，那么真实的成长就会自动发生。

法则4：自赋意义
——解读周照鹏

我是谁？我从哪里来？我将来要到哪里去？人为什么要活着？这些哲学命题估计每一个人年少时都曾面对，有的人可能只是一闪念间，有的人可能苦苦思索过。这可是些涉及自我认知、追寻人生意义、实现人生价值的大问题。那么，我们走过学生时代，成为教师，这些问题有答案了吗？

成长寄语：

教师需要成长，成长需要规划，规划需要思考，思考需要行动！

周照鹏

微档案

周照鹏：河南省鹤壁市第一中学党总支副书记、校长。正高级教师，中国教育学会会员，河南省中语会理事，首批中原名师，河南省中小学教师校长研修院首席专家，河南省教师教育专家，河南大学教师教育授课专家，河南师范大学兼职教授、教师教育导师，郑州师范学院兼职教授，安阳师范学院教师教育导师，新乡市教师教育特聘专家，安阳市乡村教师"星火计划"智库顾问等。主编《高中新课标作文一本全》，参编《唐宋诗词鉴赏读本》等。

教师的价值及自我实现

教育专家王晓春老师的《今天怎么做教师》一书中收录了这样一则案例：

  我姑姑是做教师的……是个很好强的人，争了一辈子，荣誉证书一大堆，可她这辈子都和家人挤在一间不到15平方米的小屋里。50岁刚退休就患了肺癌死了。我还记得那场景，这辈子都忘不掉：她躺在遗体告别厅里，四周堆满了大大小小的证书，足可以将她埋起来了。可是他们学校连个追悼会都不给开，校长连个悼词都不给念。为何如此拼命？那些荣誉谁还会记得？

在点评时，王老师用到了"震撼""悲壮"这样的词，建议教师不能光奉献生命，还要享受生命；要让自己的教学工作多些科学思维，越做越轻松越快乐，做享受教育的阳光教师。

读到这个案例时我同样很受触动，尽管感到这位老师的遭遇可能是非常少见、极端的情况。另外，这些年确实不断有年纪不甚大甚至壮年的教师倒在工作岗位上，他们几乎都是兢兢业业的好教师。

除了王老师的建议，案例当中所描绘的那么多的荣誉证书促使我思考人生的价值和追求问题：我们用什么证明自己曾经活过？教师的价值将体现在哪里？是那些荣誉证书吗？

如果你也被这个案例触动，那就需要严肃地面对教师的价值及自我实现这个命题。

人作为"万物之灵"，自有超过其他物种生命的价值，不过"原生"的"自身价值"很有限。一个极端的例子：多年前有个高中生把自己的一个肾脏卖了2万元，买了一部手机，可现在他已失去正常人的健康生活，只能躺在床上流泪、吞咽苦果。再低微，人的价值也不能在这个层次。

人通过修身、成长，提升能力和精神境界，会展现出超乎想象的巨大价值，埃隆·马斯克在多个领域创造的成就就是正向的典型案例。他说："我在大学时，总是在想什么最能影响人类的未来。事实上，唯一有意义的事就是努力去提高全人类的智慧，为更高层次的集体文明而努力一生。"

所以，在我看来，生命的价值是自己所追求的"东西"的价值所锚定的，生命的意义也是追求的目标的意义所框定的。更具体地说，将"落地"在两个方面：一个是责任，立足现实；一个是梦想，着眼未来。我们的生命价值或者人生意义都将在担当责任的程度、大小，梦想实现的进度、影响中得到体现。

从学生的角度，教师的价值在于，能对学生的学习作适时的正确指导，使学生掌握学习策略，形成良好的学习品质，学习的兴趣越来越浓厚；能为学生的学习成长解疑释惑，优化环境，搭建平台，激发学生构筑梦想、树立目标，自信地迎接挑战；能以自己得体的言行为学生的品德成长树立榜样。

一个教师若能以自己的学识、智慧和人格，赢得学生的喜爱与尊重，虽送走一届届学生，学生却念念不忘，他就有了教育人生成功的基石、职业幸福的源泉。"桃李满天下"，会让教师感受到自己的生命价值和意义。

对于学校来说，教师的价值在于，培养健康而有道德、智慧的学生，为学校赢得良好的声誉；创造性地教学，开发出有品质有特色的课程资源，形成自己的教学风格，用优质的教育教学为学校树立响亮的教育品牌；率先读书和研究教学，用自己的行动影响带动同伴，刷新庸俗的教师文化，让学习成长的新文化成为学校文化主流。

这样的教师，会被英明的学校领导视为珍宝、旗帜，在学校自然有地位。当然，有时候学校领导不英明，歪风邪气一时盛行，被视若无物也无所谓。因为这样做教师，本来就不是为了迎合领导，而是因为这样做是正确的师道。

坚持做正确的事，而不急于求得别人认可，是人生的大智慧。一时得不到认可，不代表没有价值，专注会让正确的事在未来所显现的价值更大。

对于教育来说，教师的价值在于，不断追问教育教学的本源性问题、探讨教育教学的内在规律，著书立说，为教育教学的改革输送新鲜的理论和实践智慧；启发或唤醒更多的同行，扭转错误认知，避免教育失误，共同纠正教育异化和偏差，让教育进步。

教师职业的专业化，就意味着教师是教育专家，教师必须得有这样的梦想，要为教育学大厦添砖加瓦。

从社会角度，教师的价值在于能让学生具备最基本的公民素养，懂得感恩父母，除了自己的事情自己做，还做力所能及的家务，尽家庭成员的一份责任，能让学生守法遵规、有公德心，以给别人添麻烦为耻，做社会良好秩序的维护者，而不是破坏者；以多种形式不断呈现自己的工作状态，展现高品质的专业素养，让公众（家长）对教育、对社会未来更有信心……这些都是在为建设自由民主的现代文明国家奠基。

作为知识分子，教师有着从"根儿"上改良社会的机会和可能性，请不要失去这个激情和狂想。

一位教师，要去追求学生"有才""好酷"的赞扬，追求他们与你亲近，听进去你的建议；要追求同事以与你共事为荣，要敢于成为学校的榜样、名片；要追求有所著述，在更广范围内传播教学智慧和成长力量；要追求成为善良正直、有风骨的好老师。

我们所处的世界一直在发展、变化，却有一样东西不曾改变，我认为未来也不会改变，因为它是发展变化的核心推动力。是什么呢？是人们对价值的信赖、尊重和忠诚。

担当的责任越大，追求的梦想越高远，生命的价值将越大。在这个变化越来越快的时代，选择做"高价值教师"才是智慧的——你无须担忧"连声招呼都不打"地"被时代抛弃"。

为什么教师要善于"自赋意义"

先贤苏格拉底在 2400 多年前就提出,"未经审视的人生是不值得过的";寻求或者是自赋人生意义,就是人的重大智慧之一,懂得运用这项智慧的人会离成功和幸福更近。

生命的存在本无意义、无方向,自我赋予其意义,是在生命旅程中为自己增添内在动力,是一种智慧。教育的一个重要目标就是引导学生拥有这个智慧。那么作为教师,更需要首先懂得运用这个智慧。

教师职业倦怠现象一度非常严重。2005 年,中国人民大学公共管理学院组织与人力资源研究所和新浪教育联合完成的"中国教师职业压力和心理健康调查"显示,近 30% 的被调查教师存在严重的工作倦怠,近 90% 存在一定的工作倦怠,超过 60% 的被调查教师的工作体验不佳,部分人产生"跳槽"意向。

2014 年教师节前夕,腾讯教育发布的基于近 42 万份网络调查问卷分析的《中国教师生存状况调查报告》表明,逾八成教师表示工作压力大,六成以上教师工资收入在 1001 到 3000 元之间,收入不高;八成以上教师认为其社会地位低,近五成教师表示,"绝对不会让其子女从事教师职业"。

2020 年,《教育家》杂志与相关城市教科院联合开展的"'90 后'教师现状调查"发现,经济上能自给自足的不足六成,从"刚参加工作"到"工作 6 年以上"选择自给自足的比例从近 70% 下降到不足 40%;同时,认为自己工作量超负荷、满负荷的超过七成;认为自己比较健康的不足 70%;选择终身从教的仅占 56.22%,有 23.63% 选择先从教几年再看情况,近三成教师没有清晰的专业发展规划,5.44% 的人后悔当老师。编制外教师流动性则更大。

调查报告提出，"随着教龄增长，家长和朋友对他们的认可度逐渐降低，自己的成就感、幸福感也逐渐降低，经济上自给自足的比例也逐年下降，必然带来职业倦怠……这种状况对教育教学将产生广泛影响"。

从三个调查报告能够发现，近20年来整体上教师的职业满意度、吸引力是在改善，但仍有非常大的提升空间，尤其是让比例更高的年轻教师乐教、健康地教、获得专业成长，远离职业倦怠，这样教育高质量发展才能有基础。

洛阳市第四十九中学的李雪梅老师曾与我交流这个问题。她观察到不少案例：有个乡村学校缺专业的英语教师，经过多次向教育局申请，终于来了一位学英语专业的大学师范生；但这位年轻老师一心考法律研究生，把时间都用在备考上了，教学敷衍了事。

还有一位历史老师，一次偶然的机会发现自己挺适合做婚庆司仪，于是就把时间和心思大多用在了研究婚庆礼仪的策划主持上，一有机会就外出主持婚礼。

一个小学教师酷爱书法，曾在一个全国性书法比赛中得过大奖，但在书法上小有名气之后，就把教学当成了副业。

李老师说这些确实是个案，但在一些地方和学校，老师们不想教学、敷衍了事的情况却不鲜见。教师心有旁骛或职业倦怠，原因复杂，有职业认知和人生梦想落差的问题，也有学校管理简单、缺少人文关怀和成长引领问题，等等。

当一个教师开始对教学敷衍应付时，他就违背了基本的教师职业道德，不仅误人子弟、损害学生利益，也在污损一个学校教师群体的形象。所以，教师如果认为工作对于自己已经失去意义感、价值不大，最佳选择就是离开。如果种种权衡之后选择留下，那就得去发现教师职业对自己的新意义，及时获得积极的工作成效反馈和情感升华。

一个教师，应懂得和善于在职业发展的不同阶段自我赋予其意义。

1954年，美国著名的人本心理学家马斯洛出版了影响深远的巨著《动机与人格》，书中提出了需求层次理论（之后，马斯洛又做了修订完善）。这是解释人的动机与人格发展的重要理论，能够很好地解释人（正常健康人）的种种行为，以及一些普遍的群体现象，也为人的成长带来启发。

意义感与动机之间有着紧密的因果逻辑关系，而意义感的"层级"或者说是"社会性"越高，动机就越趋向于内在成长、精神世界塑造，产生的推动力和稳定性也更大。

有老师一开始并不喜欢和认同这个职业，后来发现尽管如此，依然可以暂时把这个"饭碗"作为自身修炼的平台，随着能力不断提升反而获得了工作乐趣和成就感；有老师曾经想的最多的是教学生学好知识、能考上个好学校，经历一些波折后，开始了更多的教学思量——习惯、心态、兴趣……有老师教学成绩突出，可身心疲惫、学生压抑，自己病倒后"醒悟"了：要让年轻的生命灿烂多姿起来，自己才真正光彩……

在2018年"河南最美教师"的颁奖典礼上，我认识了平顶山舞钢市的夫妻教师李万军和刘延利。2007年，原本在一所离城区比较近、条件好的学校教学的李万军老师到偏远的山区小学支教。那年，女儿满6岁，也该上小学了，为了不耽误工作，也能照顾孩子，他就和妻子刘延利商量——全家都到支教的学校。

接下来的十多年里，两人改变了三所偏远山区小学的面貌，给山里的孩子、留守儿童带来了优质教育，改变了他们的人生轨迹。李万军说，最初没想到这样做，但在山区学校支教，尽管条件差、孩子跟着吃苦，但他们感受到了之前没有发现的教师职业使命——山里的孩子也能有好成绩，也会跳舞唱歌，他们感到自己吃点苦也"很值"。

漯河市第二高中的音乐教师赵庆九，在做好学校的教学工作之余，坚持到农村学校送教。在他的影响和带领下，漯河市有了一支农村音乐教育志愿者队伍——每周他们自己驾车几十里到农村学校教授学生演奏乐器、学习音乐，不要报酬，不接受吃请。

这样的工作，赵老师和自己的妻子、伙伴们不声不响做了十几年，而且还在继续。他们的到来让农村学校有了生机，很多留守儿童找回了自信心，有了生活乐趣，有了梦想。2018年暑假，他们与漯河市召陵区教体局启动了教师培养计划，吸引有兴趣的老师加入这支队伍，目标就是要让更多的乡村孩子在"音乐之声"中改变人生……

这些老师的选择、坚持和气度让人很感动，也能获得启发。可以说，用奉献精神来赞美这样的教师也许已经不再准确，或难以解释；他们其实都是发掘了工作新的价值与意义，所以有非同一般的选择，才有常人不好理解的"执着"。

自赋意义，是在为自己开掘新的价值源泉。这种智慧，需要得到每一位教师的重视，可以不为别的，只为自己的充实与快乐。

名师是怎样炼成的

鹤壁市第一中学校长、语文教师周照鹏是个"多维度名师"。他教学出色，关爱学生，业绩突出，成为河南省首届"第一名"的"中原名师"。另外，他的家庭与教师职业渊源很深，四代人中有7人是教师，而且个个都是好口碑的名师，多年前鹤壁市媒体做过报道，传为佳话。2021年教育部公布全国首批100个教育世家名单，周照鹏家庭入选。

周照鹏走上讲台之前，就完成了有些教师做了多少年都没有实现的一件事：职业认同。尽管工作累心劳神，但他发自内心地喜欢上课、喜欢帮助学生。这与他从小受教师家庭，特别是父母的熏陶有非常大的关系；他从小就知道做教师是什么样的生活方式、生活状态，加之性情使然，喜欢，向往。

周照鹏的曾祖父周维新1925年从北京大学化学系毕业之后，回家乡做了中学教员，后来又到河南大学的前身中州大学教学，1955年郑州大学筹建时，又到郑州大学工作。周照鹏的爷爷周研质高中毕业后，也回到老家内黄县东庄学校做了教师。1958年，周研质获得"全国先进教育工作者"荣誉称号。退休后，周研质又接受学校返聘，不拿一分钱，继续工作十几年……

周照鹏的姥姥杨爱梅也是教师。1957年，鹤壁市矿务局筹建时，已做了9年小学教师的杨爱梅调到鹤壁市工作。周照鹏说起姥姥，脑海中的一个很深印象就是小时候看姥姥练字，有时在方格纸上，有时在小黑板上。他问姥姥，为啥每天要写字？姥姥说："这是当好老师的基本功。"从小这句话就刻在周照鹏的记忆里了。

杨爱梅40多岁头发便已花白了，所以成为很明显的一个标志，直到现在提起"教育上那个白头发老太太"，鹤壁矿务系统60岁以上的老人没有不知道的。

周照鹏的父母也是教师。周照鹏说自己小时候感觉父亲很忙，常到学生家家访，学生家有事了去帮忙，过年免费给村里人写春联……但同时也觉得父亲很了不起，因为十里八乡的人都认识他、尊重他。母亲也非常敬业，常常是周照鹏半夜醒来，还看到母亲在备课、读写。

在家里吃饭的时候，周照鹏的父母也常念叨学生——谁谁学习不好但是特别正直，可以让他当班长锻炼锻炼；谁谁画画好，培养培养，将来说不定能成为画家……在耳濡目染中，"有教无类""多元评价""因材施教""教育的本质是一个灵魂唤醒另一个灵魂"等理念以鲜活、实在的"情境化知识"的形式进入了周照鹏的潜意识当中。

周照鹏4岁时便经常跟着母亲去上课。母亲教一年级，他便跟着听一年级的课；5岁了，母亲教二年级，跟着听二年级的课；6岁，母亲教三年级，又跟着听三年级的课，并且还能跟上。后来，禁不住学校其他老师的撺掇，到了上学年龄的周照鹏就直接随班升级上课了。

潜移默化受家庭的熏陶，求学时周照鹏对老师都很尊敬，还暗自学习那些优秀老师的一举手一投足，憧憬着自己当老师的场景。

从师专毕业后，周照鹏到了鹤壁市矿务局的一所初中做语文教师。他继承了父母勤奋踏实、敬业用心等优秀品质，心无旁骛，心思全用到了教学和学生身上，而且暗下决心，也要"做学生喜欢的好老师"。

他清楚地知道，课堂是教师的立身之本，把课教好、教精彩，学生喜欢，让自己"有学生缘"，是成为一名优秀教师的核心能力。于是沉下心瞄准这两个目标，练教学基本功，钻研教材，总结反思教学方法，提升修养内涵……

回顾成长，周照鹏总结认为，认认真真备课是教师成长的基石，备课充分，教学内容了如指掌，学生可能会遇到哪些学习障碍，可能会提出什么问题，心中有数，上课才能收放自如。

功不唐捐，除了教学成绩一直在全市名列前茅，周照鹏还收获了学生的喜爱、家长的好评。获奖事迹中写他"甘守清贫""淡泊名利"，为了把课上好、把学生教好，没白天没黑夜地干；但像很多好老师一样，周照鹏说自己体验到了大欢乐，获得了很大的成就感。

1999年8月，周照鹏被选调到当时还被称为"省重点"的鹤壁市高级中学工作。从普通初中到名牌高中，周照鹏有压力，毕竟环境不同、教材不同、学生不同，目标更不同——既要面对高考，还要面对新课程理念。

不过，优秀品质和良好习惯永远是人发展的"核心素养"，面对挑战，通过向老教师请教、自己读书和实践积累，周照鹏很快就适应了，还自己总结出一套扎实有效的教学方法。

2004年，周照鹏厚积薄发——参加河南省中学语文优质课大赛，《项脊轩志》一课让评委和观摩的老师们赞叹，荣获一等奖；同年他参加全省教学技能大赛，获得一等奖，当年又获评鹤壁市优秀教师。

之后，周照鹏担任班主任和语文课的三届毕业班各项成绩均连续名列全市前茅；2011年，他主抓新课改后的一届学生首次参加高考，创造校史上的最好成绩……

2013年，河南省教育厅启动"中原名师"培养计划，周照鹏入选。经过北京师范大学开展集中培训、名校见习、教学反思、演讲答辩、专家评审等培育选拔程序，周照鹏表现优异，拿到了第一名，成为首批十位中原名师之一。

周照鹏中原名师工作室成立后，开始承担省骨干教师、省名师的培养任务。能进入工作室的老师，都是各地选拔出来的优秀教师、好苗子，大多参加过各级各类优质课、教学技能等大赛，获得过不少荣誉。在与一批批老师交流时，周照鹏常会提醒两点：一是教学关注点得改变，用心体会教育工作的乐趣，多关注学生；二是获得名师称号，要比以前更重视学习，让思想有源头活水，"老讲台"上站出"新姿态"，"老课程"讲出"新味道"——自身得不断有新变化，这是名师该有的状态。

周照鹏的成长经历和感悟能给有着名师梦的教师诸多有益启示。关于名师，我总结出以下一些基本认知：

1. 名师本质上是让教育更有价值的教师，其理念、价值观、做法等被人认可赞扬，通过一定范围的传播获得了美誉和影响力。

2. 名望引发信任，具有吸引资源、机会的特质，所以，名师从内涵当中又分离出"职业品质标签"的"身份象征"。

3. 名师的身份象征与内涵并不一定统一、相符，也正因为关注度高，人们对两者间的偏差异常敏感，或者说对名师的要求称得上苛刻。

4. 人格特质与教师职业要求相契合、相匹配的人成长为名师的可能性更大；不过，也不要迷信"先天论"，诸多素养、能力可以通过学习、锤炼而获得，可能做不到出类拔萃，但上乘水平完全可以。致想做名师的教师：以大多数人的努力程度之低，根本轮不到去拼天赋。

5. 不要跟风认为"名师工程"就是形象工程，是在助长功利心，在现有体制框架下，它比让教师"自然成长""野蛮生长"好一百倍；成长路径不是核心，不忘记名师"让教育更有价值"的内涵才是核心。

6. 名气与传播密切相关，要想做名师，必须得懂传播学，善于使用传媒。但传播的核心依旧是价值，不能给信息受众带来价值感的传播，不如不传播。

名师是怎么炼成的？你有思路了吗？

想成为名师？先做好三个准备

当选中原名师后，在当年的河南省教师教育工作会议上，周照鹏代表首批中原名师做了题为《做一个有思想负责任的名师》的发言。他说："选择了一种职业就选择了一种人生，当一名教师是我的理想，学生的成长成才是我最大的乐趣和最大的财富。"

赋予自己人生这样的理想、追求，有家庭的熏陶影响，更需要自我的判断，对教师职业有比较精准的认知和坚定的认同，这是周照鹏能沉下心来做教师的定力之源。

虽然后来成为学校领导，承担不少行政事务，但周照鹏继续兼课，每天与学生在一起，以获取真实的教育信息，不停止对课堂教学、对学生成长的思考。有了名师光环，在接受掌声、鲜花和关注目光的同时，肩上相应地就多了一份责任：为教育教学提供示范，引领年轻教师成长，特别是教育思想的启迪、职业态度的影响。

名师是职业声望上升到"金字塔顶"的教育精英。对于绝大多数教师而言，这会是一个人生的战略级目标，要想成为名师，首先就得树立长期做教师、不离开课堂的信念。

名师是能让教育更有价值的教师，所以相比普通教师，就要对自己有更多更高的要求，有更多的思考、尝试、探索与总结反思，有更高的思想和责任"站位"。想成为名师，就要像名师那样思考问题、担当责任，比其他老师多想一点，多做一点。这是要做好的思想准备或信念准备。

时代在发展，技术在进步，如今的课堂与十几年前相比有了很大的不同，比如计算机网络、触摸屏、音响等都成为教室里的标配。随之而来，中小学的课堂教学也发生了很大变化。比如，周照鹏就发现了一些教师尤其是年轻教师上语文课时很少板书了，甚至出现了"照屏宣科"的现象。对此现象，他强调板书仍是一名中小学语文老师不可放松的基本功。

尽管现在人们的交流方式发生巨变，拿起笔书写的机会越来越少，但这不能成为中小学生无须再认真写字、练字的理由。把汉字写好，有着超越手写体交流方式的巨大价值。中小学语文教学依旧重视学生书写汉字，语文教师必须得做好示范和指导。因此，课堂上，尤其是给青年教师上示范课时，周照鹏的板书都体现出满满的"设计感"，不仅整洁有序，字写得美观潇洒，而且一堂课下来，课程重点和难点在黑板上一目了然。

所以，想成为名师，就要像名师那样，在教学工作当中给自己提要求，一丝不苟，做到一定的标准、高度。再往深处引申，善于从自己认同的教育教学理念或教育追求当中为自己抽象出一些原则，坚守下去；定些目标，执着实现。我们常说名师"有风格""有特色"，其实就是这样形成的。

比如，教育部颁布的《中小学教育惩戒规则（试行）》，2021年3月1日开始施行，把"戒尺"交到了老师手中，老师们开始"欢呼"，但是，在我看来，这是划定了教育的底线，高品质教育远远高于底线。如果哪位老师敢于确定"从不严厉批评和惩罚学生"的原则，不把恐惧、压抑的气氛带进教室，能把所谓的惩戒做成游戏，能把惩戒做出欢笑声，能把惩戒做成对规则的创造和捍卫，那他一定能够成为教育家。

我想一定会有人认为这是纸上谈兵、痴人说梦、不切实际、书生之见。这确实是高难度的事情，但如果一个老师从未这样地异想天开，从未有过这样的理想主义，那他将彻底失去成为名师的机会。没有尝试过、痛苦挣扎过、坚持过，就轻率地认为一件事"不可能"，在我看来是无知和浅薄的。能把很多人眼中"不可能""不切实际"的事情做成功，才是教育精英。

想成为名师，就养成把一件事做出个模样、做出个结果的习惯。就像于永正老师爱京剧，学唱能达到票友级别，书法、朗诵，也都能"拿得出手"。这是生活和工作态度上的准备。

这些年，周照鹏参与和主持了一系列重大项目课题研究，如全国教育科学规划教育部重点课题"诱思探究教学深化研究"，全国教育科学"十一五"规划教育部规划课题"提高课堂教学实效性的教学策略研究"，联合国教科文组织的中国可持续发展教育项目、"十一五"规划重点课题"有效促进教师专业化发展的策略研究"，全国教育科学"十二五"规划教育部规划课题"'少教多学'在高中语文阅读课堂教学中的策略与方法研究"……还参与编写出版了《极品作文》《高中新课标作文一本通》以及一些教材，等等。

做了工作室主持人后，周照鹏更加重视研究。他说："名师工作室不是'名师包装公司'或'考试研究所'，它本质是学术研究组织，要坚守教育的精神，研究教育规律，去提高教育质量。"在他带领下，工作室把有效课堂研究作为中心，不断以同上一节课、"同课异构"等形式，通过校际交流碰撞，开展深度教研，在真实的课堂教学中让老师们获得新课堂的启发和历练。因为现在的课堂教学无论是结构还是目标内容，都有了非常大的转变，而且一直在发展，需要引领老师们通过提升研究素养，高水平地落实新理念、新追求，适应新变化、新要求。

想成为名师，要做好把研究变成生活方式的准备。

要不要追求做名师？这是教师专业成长一定会面对的，这个问题是教师成长观、价值观的反映。教师有功利心非常正常，也并不"可耻"，反而应当成为一种积极的追求。追求做名师，是不甘平庸、追求卓越的积极人生态度。

不过，除了"三个准备"，追求做名师的教师还需要思考：名师之"名"的意义何在？因何而"名"？名师要做什么？成不了名师，不能声名远播，是不是就意味着自己的教育人生不能幸福圆满？思考这些成长的问题，对教师自己、对教育发展都意义深远。

法则 5：放宽视界
——解读刘本举

估计没有老师喜欢"紧盯分数"的"伪教育"，学生不仅学得乏味、痛苦，身心俱疲，还错失发展各种素养、增长智慧的机会。但事实上，很多教师也是这样度过学生时代的，却又这样对待自己的学生。

成长寄语：

构建有生命力、有思维空间的课堂，引领学生成长，润泽教育人生。

刘本举

微档案

刘本举：首都师范大学附属中学教师。中学生物特级教师，国家中小学智慧教育平台指导教师，中国教育科学研究院名师培养项目实践导师，北京市特级教师工作室实践导师。在《生物学通报》《生物学教学》等学术期刊发表论文100余篇，其中40余篇发表于全国核心期刊，十余篇被中国人民大学书报资料中心全文转载；主编参编教育教学用书20多册。曾获得河南省名师、河南省"555人才工程"省级学术技术带头人、河南最具成长力教师等荣誉称号，被聘为人民教育出版社教材培训专家、河南师范大学教育硕士导师、"国培计划"授课专家等。

成长路上迷茫了，怎么办

2022年1月12日，非虚构作品、教学札记《我的二本学生》的作者——深圳职业技术学院教授黄灯在一个论坛上做了一个演讲，深深地打动了我。她讲道："教育像一场慢性的炎症，中小学时代服下猛药——抗生素、激素，到大学时代，终于结下了漠然、无所谓、不思考、不主动的恶果，学生内心的疲惫和大学时代的严苛压力，构成他们精神生活的底色。"

黄教授感慨的不是一两个大学生的问题，而是几代青年人的问题，当然也包括很多青年教师。他们所接受的教育，包括社会形态的无声塑造，都会在其教师生涯当中以某种形式显现出来。

李迪老师在自己的微信公众号"李迪德育"中讲了一个案例，我读后也很感兴趣，觉得具有典型性，反映了不少中小学教师生活和成长当中遇到的现实问题。

案例讲的是一位30多岁的某县城职业学校女教师A的迷茫。A老师在一县城职业学校工作三四年后考研成功，毕业后没有留到一线城市，选择回到本省，但因为入编困难，只好又回到之前的职业学校。她的迷茫主要有两个问题：一个是婚恋问题，总是遇不到合适的人。远方虽有相中的人，但两人都在"体制内"，都不愿意辞职或两地分居；另一个是发展问题，学校教研氛围一般，自己用心教学，读书写作，但一直没有获得过荣誉和成果。她因此看不到希望，随着年龄增大，越发觉得迷茫、无路可走。

从这个案例，我又联想起在孙明霞老师的专著《怎么当个好老师：答一线教师36问》中读到的两个案例。一个老师说学校的风气很坏，老师保守封闭，还时常在办公室打牌赌博，学生成绩差、行为习惯差；自己整天度日如年，可是短期内又无法离开,因为签了合同。另一个老师说自己工作三年了,可感觉没有一点儿进步,教学还是一团糟,开始怀疑自己是不是当教师的料。

三个案例展现出教师成长路上迷茫时的情形:

1. 生活和工作环境不友好,不能给自己想要的支持,不仅无"势"可借,氛围还与自己的价值观格格不入,想摆脱却并不容易。

2. 努力了,但没有得到自己想要的结果,发现自己的能力与"想法"之间还有不小的落差,挫败感让原先的信心和热情一点点消散。

3. 一堆棘手问题叠加而来,压力骤增,以致心乱如麻,不知所措。

我认为,生活和成长当中的迷茫大体上不外乎这三种情况,简单说就是环境糟糕、本领恐慌,抗不住压力,以及失去冷静思考和决策的能力。

生活和成长当中让我们感到迷茫的问题,往往都是重大问题,会影响人生走向,而且是每一代人、每一个人都会遇到的问题。这些问题都是"灰犀牛",它们"体型巨大",我们也许能够看到它们,但它们"行动迟缓",而且远远看去没有什么威胁,就不再警觉、无所准备,然而当距离越来越近,它们突然冲来时,我们几乎无法躲开。

对于生活和成长中的迷茫,古人早就总结出了应对的态度或"战略",比如"出淤泥而不染""行百里者半九十""泰山崩于前而色不变""千磨万击还坚劲"等。另外,古今中外还有很多类似的经典名篇、警句箴言,遍布于各个学段的课本当中。

实际上,这些生活智慧传承千年都已成为常识性的"大道理",人人熟知,那为什么还有普遍的迷茫呢?我认为,是长期以来紧盯分数和标准答案的应试化教育模式所导致的"单向度发展"造成的——很多人有高学历,却无生活智慧;接受很多知识,却丧失了思辨能力、失去了是非之心。

紧盯分数,自然会有意无意地无视"灰犀牛"及其他有价值的事物。学生可能熟知一些大道理,但教育一直没有创造机会让他们把这些道理与自己的生活、学习现实,或者关注到的一些事物紧密联系起来,做深入的思考、探讨，以及"引入实践当中检验、印证"。如此，很多道理也仅仅是知道，与自己的生命是隔膜的。

破解迷茫，要从"放宽视界"这个根本着手。我没有用"拓宽视野""开阔眼界"等常规概念，而用一个"新说法"，是想表达开阔视野和拓宽生活疆界，从眼界到思维，再到精神和境界都超拔原先生活圈子、过往经验等的局限的意义。

回到案例，A老师迷茫的问题都是重大问题，却还可以再细分，如按急迫程度、重要级等。A老师眼下最急迫的事情是婚恋问题。婚姻美满，会大大提升生活的幸福感，教师成长、工作也才会更安心专注。最现实的办法就是积极主动地扩大交往圈，如与县城文化圈有更多有效交流，请亲朋好友帮忙，创造更多机会。

与此同时，心智模式和价值观升级。"编制""体制内生存"真的比"美满婚姻"重要吗？真的确定自己的余生就在一个学校、一个城市甚至一个国家度过吗？视野决定认知，而认知又影响决策。A老师长期把精力投注到了考试、升学、文凭、荣誉上，显然缺乏对生活实质、对现今世界的深度观察思考，现在的状况就与对这些问题的认知有直接关系。放宽了视界，就不会觉得无路可走，只会发现天地真宽，生活方式多样，有意思有价值的事情一件件在等着自己。

同样，另外两位老师真正走出迷茫，也需要放开眼量，放宽视界：通过读书及其他信息渠道，了解更多优秀教师、成功教师的成长经历、思维方式，特别是工作态度和方法等，从而增添走出困境的信心和动力，找到更高效的"突围"方法。

读书，学习，升级心智模式和价值观是循序渐进的过程，它改善境况的成效不会立竿见影，但不要怀疑其价值。就像种子在破土发芽之前，你看不到任何迹象，却会充满期待地为它浇水一样。

在看不到希望、方向不明确的日子里，就坚持认认真真地做正确的事。

什么是正确的事？我认为有两点，一个是自我提升，一个是履行职责。有一句话讲得好，"唯有读书和跑步不可辜负"，好就好在对自我的不放弃、不放纵，简单的两大行动让自己从内到外处于品质提升状态。履行职责，即把手中的事情做到位、做好，该担当的责任担当起来，让别人受益于你，体现出自己存在的价值。

坚持做正确的事，不要特别长的时间就能"遇见更好的自己"。如跑步，每周3次以上、每次40分钟以上，坚持3个月，"在控制好饮食的情况下，你会发现身材瘦一圈，赘肉减少了，可以穿上小两号的衣服，人变得自信，精神状态和气质好多了"。有规划地读书，用心履行职责，也有同样的效果。那时，就真正体会到了什么是"山重水复疑无路，柳暗花明又一村"。

网上流传着一个段子：用考试消耗他们的精力，用分数限制他们的追求，用升学压迫他们的心智，用各种阉割过的知识迷惑他们的认知，用前途莫测的就业转移他们的求索……

说是夸张的段子，但这样的总结何尝不是基于观察到的一个个事实？作为教师，如果在生活和成长中经历过迷茫，或者正处于迷茫当中，经受过那种痛苦，那就做"紧盯分数"式教育的"终结者"，与学生一起"放宽视界"。

在阅读中遇见一个个成长导师

刘本举曾是濮阳市第一高级中学的生物教师。他和同为生物教师的妻子李新梅在学校创造了多项纪录——全校评了6名"功勋教师"，他们俩榜上有名；两人均获得过全省的优质课大赛一等奖，多次获得濮阳市优质课比赛第一名……

2015年，刘本举作为拔尖人才被引进到首都师范大学附属中学任教，在这所历史悠久的学校，人文气息浓厚和崇尚自由的氛围让他找到了如鱼得水的感觉，他开始探索科学与人文融通的教学方法，醉心于创造润泽生命的新课堂。

自从1998年10月在中学生物教学界最有影响力的《生物学通报》上发表了第一篇论文起，刘本举已在学术期刊发表论文100多篇，其中在国家核心期刊发表的有40多篇，10余篇被中国人民大学书报资料中心全文转载。尤其是在《生物学通报》《生物学教学》两种全国核心期刊上常发表论文，在高中生物教师中极为罕见。人民教育出版社多次邀请他与朱正威、郑春和、林祖荣等生物教学界专家、名师合作编写书籍……

这使得刘本举在中学生物教学圈里很有名气，很多老师视他为"前辈""专家"。不过——也许你想不到，刘本举也曾一度迷茫，找不到自己的位置与追求。

1995年，刘本举从河南师范大学生物系毕业，在全国高考取消生物科、生物教师"过剩"的大背景下，他幸运地应聘到家乡新建的濮阳市第一高级中学任教，如愿成了高中生物教师。

生物不是高考科目，在不少人心中自然不是"中心"，对于这一点，刘本举早有心理准备。课堂上他看到学生一双双亮晶晶的眼睛，就觉得不管别人重视不重视这门课，自己不能敷衍了事，要让学生学到他们关心的生物知识，学到"有用"的生物知识。

课堂上讲"脂类"，就顺便讲食用油类别，讲饮食习惯与"生命第一杀手"心脑血管疾病的关系，教学生吃得更健康。当时电视上"巨人脑黄金""深海鱼油"的广告铺天盖地，但生物课后，学生都知道那并不神秘，主要成分就是多不饱和脂肪酸……

刘本举的生物课让学生觉得有趣、有用，课下还不断有学生找他问感兴趣的问题，还有学生把父母的医学化验单拿过来向他请教……讲完正课，他就结合生物学知识讲乙型肝炎是怎么回事，讲为什么一位同学的父亲酩酊大醉之后患上了急性胰腺炎……

校园绿化非常好，但刘本举发现很多花木学生叫不出名，于是课下他组织学生对校园内的植物分类、挂牌、制作标本。开展这项活动，刘本举也是想调节一下学生的学习生活，但是没有料到学生的热情会那么高。学生们不仅自己查找资料、动手制作，为校园内的花草树木一一挂上标牌，甚至还有学生在上学的路上采来花草栽种，和同学们一起辨认、鉴别。

那段时间，刘本举所教班级教室的窗台上摆满了花盆，里面栽种着学生从路边采来的各种花草，大自然生机勃勃的气息通过大大小小、姿态各异的花草在教室里弥散开来，给大家带来了许多欢乐。

学生的喜欢、认可给刘本举带来教学的快乐和很大的工作动力。但后来发生的一件事让刘本举始料未及，好似当头被泼了一盆冷水。原来，学生学生物课兴趣高涨，自习课的时间都不学数学、英语、物理、化学了。这个情况在高中是不可思议的，班主任和有些老师很不满，就到校长那里"告状"。

校长自然不会批评刘本举，但这件事让他迷茫了：以后的课怎么上，该怎么面对学生？自己以后怎么发展？学生还是很支持他，他自己倒不知道该怎么做了，一时间有些消沉和郁闷。

有一天刘本举到一个同学那里玩，无意间看到一本期刊《生物学通报》。起初，他只是随手翻翻，没想到一看就放不下了——被震住了——同样的课，人家竟然是完全不同的教法！相比之下，自己的课就是知识讲授，没有什么深度，顶多让学生感到有趣，多知道一些知识。

采访刘本举时，他告诉我，这次经历好似阴云密布多少天，突然云层缝隙透过了太阳光，心中敞亮了。随后，刘本举跑到邮局给自己订了《生物学通报》《生物学教学》《中学生物教学》《中学生物学》等几种专业期刊。

每次收到新期刊时都是快乐时刻。每一篇课例、论文，刘本举都细细研读、琢磨，有了共鸣和感悟就写下来，有了上课的新思路，就在教学中尝试，课后再总结、反思，写文章。妻子成为刘本举的教研伙伴，两人随时都能开始教学讨论。

那段时间刘本举思考的是新的课堂模式，追求让学生在学到知识的同时锻炼和提升能力。期刊上的文章读多了，刘本举也想结合自己的课例写出高质量的文章发表出来，但提炼上课的理念、总结做法思路时，发现自己欠缺太多，特别是理论素养和一些操作技术，很多问题还没有弄清楚。于是，他从一些文章中"按图索骥"为自己定书单，开始精选专著啃读。比如，"高坡度、高含金量"的袁振国译《教育研究方法导论》，他硬是一点点啃完、一遍遍反刍消化了，这为他后来能不断发表高质量的论文打下坚实的基础。

深入、持续、高端的专业阅读让刘本举遇见一个个成长导师，他对新课堂的认识和建构思路越来越清晰。他提出："生物学是一门自然科学，她的每一步发展都来自科学家的猜想、推理或实验。所以，教生物就可以基于'科学史'，'还原'科学家的探索过程，这样最专业；学生物，从问题或好奇出发，以探究的方式学，提升对生物现象的敏锐观察力以及思考和解决问题的能力，这样最有意义。"

在新理念主导下，刘本举的生物课堂开始与众不同：他敢连续几天不讲新课，而是启发学生以实验的方式证明生物学上的新发现、解析奇妙的生物现象；他组织学生用平板菌落计数法调查自来水、雨水、鱼池和市溶剂厂排水沟中单位体积的活菌数，调查濮阳市周边河流的受污染状况……他以"探究性"的"活动"和"实验"为设计主导，从提升学生科学素养和实践能力、联系现实生活、面向全体学生的角度架构教学，课堂上，他调动学生与他一起"创造"教学过程，力求让学生学得轻松、有趣味，感受生物学的魅力。

在新课程还未铺开的21世纪之初，这些理念和做法都是超前的，令人耳目一新，因此参加工作才五六年，刘本举第一次参加濮阳市和全省的优质课大赛，就取得了第一名和一等奖的优异成绩。

2001年全国高考恢复生物科，刘本举依然坚持自己的理念，不搞"题海战"，学生却屡屡在高考中取得优异成绩。但刘本举更骄傲的是学生对生物学有浓厚兴趣，而且实实在在地培养了各项能力。在被引进首都师范大学附属中学之前，刘本举被当时的河南省基础教育教学研究室聘为高中教研中心组核心成员，被河南省教育厅聘为高中新课程实施指导组专家，连续几年参与全省示范性高中调研考试的命题工作，为教师做新课程教学培训，主编、参编高中生物教育教学资料……

从刘本举老师的成长历程当中，我们再次发现，阅读特别是教学专业期刊和教育理论专著的阅读显现出的积极影响和巨大推动作用。遭遇了成长迷茫、教学困惑，不要苦于无师，在阅读中就能够遇见好老师。

2020年，《教育家》杂志与相关城市教科院联合开展的"'90后'教师现状调查"显示，在"解决疑难问题的方式"上，选择"自己通过小专题研究"和"向专家名师请教"的，分别是14.79%和16.58%，"与同行进行一般性讨论或自己一般性思考"的占到65.87%。可见，青年教师更多的是倾向于向身边同行求助或自己作简单思考，显然，这是"见效快"的办法，但局限性也很大。假如环境不是很友好、身边的老师水平一般时，不仅难以得到有力支持，还会加剧无助感。

所以要像苏霍姆林斯基讲的那样，"无限相信书籍的力量"，有意识地培养通过阅读行动进行"小专题研究"和"向专家名师请教"的习惯。这是积极的自主学习能力的锻炼与示范。要相信——真正有用、自己运用纯熟的知识技能都离不开自学自悟的过程。

思想力：榜样与奠基

经过十多年的课堂教学研究积累，刘本举总结出了一套基于"科学史"的"探究性"课堂教学策略——资料型探究活动、模型建构探究活动、问题串型探究活动、实验设计与分析型探究活动。基于"科学史"是筛选探究素材、整体架构课堂教学的一种"战略思想",不是把"科学史"当作教学内容之外的"赠品"、以"讲故事"的形式简单呈现。

在课堂组织上,刘本举实施小组合作学习形式。他认为,这种组织形式适合"探究性"课堂教学策略的实施,能发挥出强大的教学效益,改造学生的学习方式,达成发展学生各种能力和科学素养的目标。

随着继续读书学习,刘本举的教学追求超越兴趣、能力,有了"生命关怀"的视角和高度,尊重学生作为未成年的人的权利,相信他们的生命成长力量能在优化的环境中得到激发和引导,迸发出绚丽光彩。

首都师大附中环境优美,无论在教室走廊还是图书馆大厅,学生随手就可以拿到自己想读的书。除了这点让刘本举欣喜,教师学识渊博、专业素养高,以及教研氛围浓厚也让他感慨,他继续钻研科学和人文精神共生的新课堂建构,将科学探究、科学思维和生命观念贯彻到课堂当中。

科学的本质就是不断地观察现象,提出问题,求解问题,发现规律;依据新发现提出质疑,推翻已有的结论,拓展新认知……课堂上培养学生的科学思维,发展探究能力,有个前提就是有自由思考和表达的空间,保障学生敢想、敢说,而且有及时的指导,让学生能自信地讲、条理清楚地讲、基于事实富有逻辑地讲。如果课堂上学生感觉到压抑、恐惧,得不到尊重、鼓励,畏惧老师,担心被人嘲笑……那教育目标一定不会达成。

所以,刘本举鼓励学生提问和质疑,在平等、轻松、活泼的课堂氛围中领着学生观察、实验、探究和讨论,学生畅所欲言。他对学生讲:"有问题可以随时提出来,因为提出的问题可能就是一个新的学习资源。你们提出的问题,我有可能解答不了,但我有大量的资料,并且还有这么多同学,所以不要顾虑老师能不能回答,尽管提出问题就行了。"

有老师听刘本举的课,觉得研讨、交流得非常好,可又觉得学生被他"惯坏了",有时显得"放肆",但刘本举说,这就是知识之外他所追求的。学生不敢提问、不会提问、畏惧权威、不敢表达的情况太严重了,只有强力扭转这种现象，才可能把知识传授、追求分数的学习升级成为科学素养和独立人格的发展，让学生在学习当中感受到自由、快乐和尊重，让学生在思考中成长，成为自信的、有独立思考能力的人。

从兴趣课堂、能力课堂到科学与人文共生的生命化课堂，刘本举的成长足迹非常清晰。从教"有用"的生物学知识，到探索发展学生各种能力、提高科学素养的课堂教学策略再到觉悟生物教学一定还要有对生命的尊重与关怀——让学生阳光、自信起来，人格健全起来，体悟生命的美好和意义，为人生的幸福奠基……一路走来，刘本举的动力在于追问和求索——学科有什么价值，课堂有哪些可能，生命意义何在？

追问和求索还让刘本举收获了荣誉、名气，以及更好的生活、发展环境。不过，在我看来，他最大的收获是"思想力"。何谓思想力？我认为是能够在一些领域发现有价值的问题，并通过长期而系统的思考探索，提出一些成熟的有影响的观点、主张的能力。哲人讲，"人是会思想的芦苇"。人的高贵、尊严，以及创造生命奇迹的源头就在于思想。

教育本与生命息息相关，要观照和成就生命的高贵、尊严。但视界的狭窄让一些人，包括老师、学生，忘却了教育的生命视角，淡漠生命的意识和情感，践踏生命的尊严和权利。

我理想中的教师，首先就是对世界万物敏感，能够感知到种种生命的神奇、敬畏生命的教师，他需要建立"一叶一花一世界，一水一沙一乾坤"的宽广视界和思想力。

教师是引领学生成长的专业人士，而且面对的是千差万别的学生，那么，理想中的教师就需要有广博的视野和见识，有生活智慧，对政治、经济、社会、历史、文化、科技等各个方面有所观察研究，这才可能对学生的发展产生一些"思想启蒙"作用，帮助学生建构梦想，生发成长动力。

做有思想力的榜样教师，为学生创造自己的生命奇迹奠基。这是非常伟大的教师成长目标，值得你拥有！

法则 6：勤奋写作
——解读范通战

曾有一项调查显示，我国城市中小学教师中有八成以上从未在报刊上发表过文章，县乡教师的情况就更不乐观了。

对于写作，很多老师，包括学校领导还没有建立正确积极的认知。事实上，写作能力的高低决定着一名优秀教师能不能成为卓越教师、更有影响力的教师。

教师把写作作为一项新基本功来练习，具备一定的写作能力，把写作变成一个职业习惯，边教学边写作，会让专业成长切换到"快车道"。

成长寄语：

为灿烂生命奠基，为幸福生活铺路。做真教师，行真教育，育真人才！

范通战

微档案

范通战：河南省武陟县实验中学副校长。河南省特级教师，首届河南最具成长力教师，首届河南最具影响力教师。在《人民教育》《中国教育报》《中国教师报》《教育时报》《知心姐姐》等报刊发表文章300多篇。著有《归真教育——教育本真的探索与实践》《归真课堂——教学本真的探索与实践》《小窗微明》《心花从这里开始灿烂》等。

写作为什么能够助推教师高效成长

人的认知有很大差异。所谓认知,即知识、见识和思维模式等所构成的觉察力、判断力、行动导向能力。认知的高低,会极大地影响境遇。教育教学的一个重要目标就是提升认知。

对于写作,教师也需要建立一些新认知。

首先,写作对于教师成长的影响不是"边际效用",而是"核心效用",不是锦上添花,而是雪中送炭。

有些老师和学校领导对写作不以为然,认为老师的核心业务是教学,写作属于不务正业。这就是一种认知偏差,其观念错误之处是对写作的机理认知不清。

这可以从两个角度来阐述。

第一个角度:教育教学不是流水线作业式的机械操作,个性化特点非常突出,需要老师大量情感、智慧的投入,需要创造性。而写作行动对教师情感、智慧和创造性的自我确认与激发有积极作用。

第二个角度:写作是深度思考、提升思维能力的重要方式,是教学研究的依托、研究成果得以凝练的过程。

教学不是把知识像水一样转移——能从一个容器倾倒到另一个容器当中,教育也不只是老师的说教,需要多种方法、策略灵活运用才会有成效。因为教育教学会遇到种种现实的不利条件与局限,比如学生的学力和家长支持度差异。

只有多做研究,突破经验和思维的局限,教育教学的障碍问题才能解决,种种美好的教育追求、教育理念才可能落实。老师甘做教参的传声筒、教科书的搬运工，教学不可能顺利地进行下去，学生也不会得到充分的发展指导和帮助。

做研究，离不开观察现象，从中发现和梳理问题，探究原因，思考对策，等等，必须具体细致、精准明确和深入系统。这个标准如果离开了写作，是做不到的。为什么呢？因为写作不仅需要思考，而且需要深度思考；离开了写作，就不会有真正的研究。

写作要求我们要做"贤者"，"贤者以其昭昭使人昭昭"。文章所想表达的，一定要使人信服。故而，写作这种表达方式很锻炼人，锤炼语言，磨砺思维，使得我们的语言表达规范精准，思维具有条理性、系统性和缜密性，观察剖析事物不停留在表面现象而能探求本质，等等。

写作的这些机理，是与大脑运行有关系的。脑科学的研究表明，同样是语言表达，讲话和写作时，大脑的工作机制是不同的。

脑科学研究对此有解释。比如《教育与脑神经科学》这本书有一章专门讲如何有效发展学生的阅读能力，其中提到了人脑中传递字词有纵横交错的、连接不同感知与思维系统的"通道"；在恰当的时间做积极的有效练习，才能把"言语通道"与"阅读通道"很好地连接，人才能发展出比较好的阅读能力。

讲话时，不仅自己要讲，还要观察、忖度对方的反应，即时给予反馈，这就限制了大脑运用复杂的、更准确和严谨词句的能力，只能运用自己熟练的、能很快发音的词句。

写作，是单向表达，不追求即时性，但要遵循逻辑规范、语言规范，所以需要深思熟虑，追求表达的精确、严谨、条理。这个思维过程会大量地调取记忆中的信息，进行扫描、筛选、匹配、整合、重组，因而加深对有价值信息的记忆，而且产生新认知。写作丰富思想和智慧，也锻炼大脑的思维能力。

深思熟虑的"负责任的写作"，创造和输出新知识。你能写出来、写明白的东西，只能是自己大脑经过缜密的信息处理、整合，能够通透认知的信息。

写作过程是思想和智慧生成的过程。写作时遣词造句，字斟句酌，大脑持续地深度思考，我们就进入了哲学家、思想家的状态。

写作时大脑的运行机制使得我们开始深度的自主探究学习，故而持续的负责任的写作必然促进我们的成长：思维深刻严谨、语言丰富精准是最明显的提升变化。这些自然会让教师在教育教学中显现出优势，取得良好的成效。

所以，老师们在备课、写教案、课堂教学反思，以及辅导学生、引导学生、班级建设当中，充分重视写作行动的融入，不仅能够获得实实在在的有形成果，还因为启动了深度思考，认知增量会大大提升，专业成长必然高效。

成熟教师怎么走出发展高原期

文章是沉思的结果。写作这一行动能将我们日常碎片化的思维灵感火花聚拢起来，成为照亮心灵的火把。

写作这一行动，能把我们从各个渠道获取到的零散信息吸收、内化为自己的一个个认知系统，既让我们自己更多更深地认识和理解世界，也使我们能随时调用，去传播理念和思想，进而去积极地影响他人。

很多优秀教师教育教学业绩突出，积累了丰富的教育教学经验，获得了各种各样甚至很高的荣誉；但是，由于不善于写作，拿不出有代表性的论文、教科研成果、专著等，所以影响力有限。随着这些优秀教师离开课堂和学校，他们的经验、思想、教育智慧也就没有了用武之地，失去传播和施加影响的有效平台，很快就会悄无声息地随着时光流逝。这对于教育人生来说，也是一件憾事。

一位非常优秀的高中语文教师曾给我发来信息，诉说自己的"中年恐慌"。她的教学能力很强，擅长创设教学情境和运用多种方法激发学生的读写兴趣，指导学生写作训练有方，从不增加学生的课后作业负担，"自己教得轻松，学生学得高兴"，而且成绩突出——"前年、去年连续两届我教的一个班的语文高考成绩都特别突出，上线人数几乎是今年全校5个班的上线人数"。但她烦恼自己"年过半百，一事无成"。

傅道春先生将教师专业成长分为三个阶段：积累期、成熟期和创造期。这种粗线条的解释和描述，与教师发展的渐进性、相对性等相契合，符合我们日常的观察感受，很容易理解其内涵。

这位女教师的职业发展应该步入了成熟期向创造期跃升的阶段，但对自己的要求很高，一时又陷入困惑之中。这个案例很典型地反映出学校的骨干教师、优秀教师如何走出发展高原区、从优秀走向卓越的中年恐慌和职业焦虑问题。

工作一二十年的骨干教师当中，一小部分人能够"教而优则仕"，走行政发展路线，提升职业地位。大多数人没有这个机会，也可能没有那个志趣，那么如何开拓职业成就感的新源泉？我认为，除了学生的成长，就是自己的专业成长了。

宣讲、传播自己的教育经验；将经验有效地梳理、提炼、升华，收获教育研究成果……总之，能够给更多的教育同行以启发和引领，扩大自己的影响力，提升专业声望，在新场域实现自我价值，那么优秀教师也能够收获满满的成就感，重燃职业热情，对教育工作有新思考和新期待。有了新方向和新追求，不再焦虑、更加自信是很自然的事情。

2016年，我采访中原名师"培养对象"为期一周的集中研修活动，并做了报道。当时，我用"说得多，写得少；实践多，理论少；经验多，升华少"概括这些已经走到职业荣誉高峰的名师的专业发展状态，得到大多数人的认同。

教育教学经验，或者教育教学实践观察感悟，有着学习借鉴价值是毋庸置疑的，但它的情境化、片面性也是明显的，条件、环境等变量稍微一变，经验就失灵，所以只讲经验和实践感悟，很难启发与影响更多的同行。将大量的经验进行"归类""过滤""提纯"和"萃取"，探究到问题本质和教育方法论，自己总结一些教育教学规律，收获"系统化"的教育智慧成果——这是成熟教师走出发展高原期的一条路径。

实践智慧很丰富的优秀老师"经验多，升华少"，原因就是前面的两个"少"——写得少、理论少。看到了发展短板，就得去弥补，那就得多多学习教育理论，同时加强写作。

因为手头正忙其他工作，我给那位优秀的高中语文老师简短地回了信息：抓住"双减"的机遇期，把自己的理念和实践好好地梳理打磨，出版专著，拿出成果。

（实践＋理论）× 写作＝成果。同样有着焦虑感、迷茫感，渴望在职业发展上有所突破的优秀教师，也请重视这个成长公式。

教师写作有没有秘诀

认识到写作的重要性，但真正拿起笔去写作时会遇到很多现实困难。很多教师教学上是一把好手，非常博学，讲课时口若悬河，但疏于写作，等评职称需要论文，参加一些比赛需要写作时，才感到这方面比较欠缺。不少老师苦恼的是"不知道写啥""写不出来"，于是就有了问题：教师写作有没有秘诀？

这个问题的实质是如何高效地提高写作能力，怎么写得精彩。写作算是一种技能，与很多技能一样，学习、提高是比较缓慢的过程，需要长期的练习，不会一蹴而就，而且没有止境；所以提高写作能力，心态上的准备非常重要，即不能急躁，要经常告诉自己有耐心、有韧劲，秉持"长期主义"。

首先得培养写作习惯。每天都给自己留出一点时间，排除干扰写起来，不求篇幅长短，不论内容如何，哪怕只有几句话，把自己想说的话、想宣泄的情绪写出来，不用讲究章法语句。

想水平提高得快，有个方法——研究与训练。找到自己喜欢的一两份报刊，一段时间内认真地读，发现自己喜欢的、打动自己的文章，重点学习研究。

1. 把文章的思想核心即想表达的情感、要探究的问题等弄清楚，整理出来。这就是文章的主题。围绕这个主题，深入思考：同样的主题，自己有什么观点，自己来写的话会有什么新角度、新见解？

2. 研究作者是如何谋篇布局的，文章有几个部分，各个部分分别讲了哪些核心内容，又分别与文章主题有什么关系？再想一想，作者为什么这样安排？基于何种逻辑？如果自己写，会怎样布局？

3. 文章使用了哪些素材，如经历、故事、理论、典故等，来支撑文章主题所要表达的核心观点？再想想，自己的教育教学中、自己收存的信息中有没有类似的？

4. 想一想，这篇文章的吸引力、感染力在哪里？哪些地方引起了你的注意和兴趣？其标题、开头、结尾，以及整篇文章的语言有什么特点？

对这四个方面的研究、思考，能够让写作很快找到方向和方法。那么在每天的写作中有意识地运用自己领悟到的方法，这就是有针对性的写作训练。这样写作，也会有很多乐趣，充满希望和动力。

怎么把文章写精彩？什么样的文章吸引人？我觉得可以从那些堪称伟大的作品的共性中找方向。有人总结经典影片能带给人"爱、力、信"，即观影时情绪被带动，某些情感体验被激活，能感受到爱，增添勇气和力量，获得信念与启迪，久久回味，引发想象与思考。

教育写作努力的方向也应如此：共鸣情感，触动心灵；言说规律，激发思考。

决定文章能不能精彩，能不能打动人，我认为来自两个方面：一是情感，一是思想。这也是写作的"动力源"。

有时候我们写得比较顺手，感觉文字就是从内心汩汩地往外流淌，就是因为这两个方面的倾吐压力非常大。

教育教学生活中，喜怒哀乐、忧思苦厌等情绪感受每时每刻都伴随着我们。情绪的力量最终能变成一种情感——对学生、对课堂、对教育的情感。这种从情绪到情感的积蓄变化就会带来一种表达动力。

问题是思考的源头，而思考产生思想。学校是问题的海洋，积极思考，解决问题，也给教师带来写作动力。

情感和思考，会形成写作的一个势能。好比水池一样——教育体验的情感积蓄多了，深度思考多了，其"水位"就高，阀门打开时，水的出速就会很强劲。文思涌动的状态是令人非常享受的，教师写作就要享受这样的快乐。

有心写作的老师，在生活和工作当中就要变得"敏感"，留心自己的情绪变化和思绪波动，自我设问，自我求解，自我赋义。发问多了，求解多了，积累多了，情感与思想势能就大，写出来的文章自然会更有感染力和思想穿透力。

从生活当中发现美好、乐趣和价值，是教育的志趣所在。教育就是要做这个事情的：从平凡当中发现乐趣，孕育不平凡，创造价值和伟大。这是我们每个人生活的意义和价值所在，不仅是需要教给学生的一项本领，也是需要教师践行和示范的。教师的写作行动就是在做这样的努力。

所以，我认为，对生活有着美好期待的老师能写好文章，善于自我提问的老师能写好文章，体验到教育乐趣的老师能写好文章。这算不算教师写作的秘诀呢？

著名的教育作家，也是特级语文教师的张丽钧说，"'把地上的事往天上写'，乃是写作的最大秘诀"。细细品咂，老师们能领悟到写作的精要。

总之，写作是拴住浮躁之心的一个有效途径，也是教育反思、思考教育的郑重发端；教育的智慧和乐趣会通过写作这个放大器、沉淀池而显现与汇聚；而优秀的教育作品也能给更多教师以行动力的激发、思想力的启迪。

能从平凡的事物中发现美好和智慧的，都是这个社会珍贵的创造者。假如教育可以创造奇迹，那也只会出自他们之手。教师写作出色，其实在于教育的精彩与成功。

持续写作的教师，会有哪些不寻常

武陟县实验中学的语文教师、副校长范通战，在当地教育圈里是有名气和影响力的人。这种名气和影响力首先就是来自写作。

他不仅教学能力突出，还曾一年时间在《中国教育报》《中国教师报》《教育时报》《师道》等有影响力的报刊上发表文章近60篇。他在《河南日报》上撰文揭批教育时弊，震动全县，引起教育改革大讨论。因为能写，他有好几次改变命运的机会，或做公务员，或到省报做记者，但最终思来想去还是感到自己对教育教学更有兴趣，更适合做教师。

作为教师，他的教育梦想是改变一方的教育生态，为激活师生的生命状态、提高师生的校园生活质量多做些实事……

2004年，范通战从全市1万多名优秀教师中脱颖而出，成为焦作市23名首批"科研型教师"中的一员，随后获得"省义务教育课程改革先进个人"荣誉称号，2009年，他当选首届河南最具成长力教师，2013年，当选首届河南最具影响力教师……

不过他认为，教师专业成长的标志并不是获得各种各样的荣誉、有多大名气，而是对于教育教学有自己的见解，形成自己的一套教育思想体系。他这样说："不可能人人都成为魏书生、李镇西，但是你一定要有自己的教育思想。"

范通战的专业成长与"活动式训练课型"的实践探究有着直接关系。

1994年,范通战在新乡听了上海名师陈钟梁的一节公开课《中国石拱桥》。这节课,陈钟梁拖堂十几分钟,有不少教师就开始议论"名师也不怎么样";而范通战看到了门道:阅读课文后,陈钟梁请学生到黑板上画石拱桥大拱、小拱的相对位置。学生一画,就出现了很多问题,一时间兴致高涨,跃跃欲试,课堂气氛也迅速活跃起来。最后,学生在轻松愉悦的氛围中分清了"两肩""两边""两端""两旁"等词的区别,一节课紧紧扣住了说明文语言表达准确性的主旨。

名师课堂上的这个细节让范通战很受触动,"活动"二字从此在他心里扎下了根。不过他的"顿悟"还是在1995年秋天一个午后读到《论语》中的一句——子曰:"赐也,女以予多学而识之者与?"对曰:"然,非与?"曰:"非也,予一以贯之。"

那个时期,教育教学的各种提法、模式非常多,教师教学常常就是跟着风潮东抄一下、西学一下,想比葫芦画瓢,却总画不成,教学累,也不出成绩。读到这一句时范通战立刻又想到了陈钟梁的那堂课,顿时豁然开朗:课堂教学为什么就不能让"活动"一以贯之呢?

这个念头的产生或者说理念的确立,在范通战专业成长的道路上有着里程碑式的意义,标志着他从这时起,专业成长真正明确了方向和目标,开始进入高效成长的新阶段。

有教育专家在研究教师专业成长时提出了"关键事件""关键人物"的概念,那么听陈钟梁拖堂的那节课和读《论语》时的感悟,就可以称得上是范通战专业成长的"关键事件"。这些"关键事件""关键人物"不仅仅对当事人有意义,同样启迪他人去领悟那"关键"当中的思想精髓,以及如何灵敏地"捕捉"到自己的"关键事件""关键人物"。

范通战的"灵敏""敏感"应与长期写作有某种关系。

写作是高质量的智慧输出,那么持续的写作就必需以源源不断的新信息输入为支撑。所以,爱好写作的人都会显现出强大的学习意识与学习能力,恨不得把毛孔都全部张开,去向世界吸取信息。其另外一种表现就是有着不寻常的观察能力和领悟能力,特别善于举一反三、触类旁通,换句话讲就是敏感、灵敏——往往能在别人习以为常之处有不同寻常之见。

<u>持续写作的教师,还有一个突出特点:眼里到处都是问题,即问题意识很强</u>。这也是长期写作训练出来的,因为写出来的文章要想吸引人、有价值,必须有新意,有新信息、新见解、新表达等等,这个写作要求会塑造写作者不满足于看表面现象,喜欢与众不同、喜欢刨根问底、喜欢质疑等特点。

那段时间困扰范通战的就是课堂教学的低效、沉闷问题。初中生正处于青春期,心理颇为敏感和复杂,原先的种种比较"直接"的激励方法都失去了效果。问题一直在他的头脑中盘旋,整天琢磨的就是如何调动学生的学习热情,改变学生的精神状态,使他们积极地、有向往地投入学习。正在此时,他遇到了陈钟梁老师,才有了共鸣,产生了灵感。可见,对一些问题的持续思考,也是教师成长道路上遇见"关键人物、关键事件"不可少的"关键前提"。

《给女儿的信》这篇课文选自苏霍姆林斯基写给自己14岁的女儿的信,在信中,苏翁对"什么是爱情"这个话题与女儿进行了交流。面对七年级的学生——十三四岁的少男少女、苏霍姆林斯基女儿的"同龄人",这节课上范通战设计了三个活动:

1. 请每位同学用一句话表达"什么是爱情",用一张纸写下来,匿名,对折之后放到讲桌上;然后请5位同学走上讲台,各随机抽取一张"爱情答卷",念给大家听,然后作个短评。

2. 认真阅读课文,重点是奶奶讲的童话故事,然后针对故事中所讲的3个阶段(一年之后、50年后、妻子去世之后),以"爱情就是那……"的句式,再分别用一句话来定义爱情,然后请同学们展示、相互评论。

3. 请你以"女儿"的身份,给"父亲"苏霍姆林斯基写一封回信。

三个活动蕴含着信息概括、语言表达和写作三种语文核心能力的训练，而且引导学生初步地去面对爱情、了解爱情和思考爱情，为其将来确立正确的爱情观奠定基础。

这节课上，从始至终，学生的思维都处于活跃状态，真正融入了课堂，即使是最俏皮的学生也被吸引，投入地读、思、说和写……这样的精彩，范通战的课堂上比比皆是，而且他及时记录和反思，整理出几十篇有代表性的课例。

在学校领导的大力支持和同事的通力合作下，2004年，范通战主持的"活动式训练课型"研究课题结题，而且获得河南省基础教育优秀教研成果一等奖，可谓"十年磨一剑"。

在范通战的专业成长中，写作发挥了很大的推动作用。写作与那些不同寻常的优秀品质，哪个是因，哪个是果，我没有能力分清楚，但可以确定的是：两者相互促进。想开始写作行动的教师可以将"强化问题意识，锻炼观察感悟力"作为训练项目之一。

"深度"背后的系统思维

对于范通战的"活动一以贯之"，有老师不屑一顾，甚至嗤之以鼻。因为新课改之后，活动一度成了课堂教学尤其是公开课上的一大景观；不过很多所谓的"活动"毫无意义，根本体现不出合作学习、探究学习的核心理念。

因此，范通战在向别人解释时常要费些口舌。他认为，对活动的理解不能简单化、片面化，以为学生肢体动了就是活动，只有那些将学生的知、情、意、行与课程资源巧妙融合，学生乐于参与、以多种方式运用思维的活动才是"真活动"。真活动，激活学生积极昂扬的生命状态，学生在学习知识、发展能力的同时，还能感受到学习的乐趣。

在课堂教学探索中取得成果后，范通战又把研究的目光投向了其他领域，尝试将"活动"理念贯彻到教研、德育、学生管理等多个方面。比如，担任学校教科室主任时，他的"校本教研活动化"思路给学校教科研注入了新动力，激发了老师们的教研热情，更新了教师文化。2008年，学校语文教研组被焦作市基础教育教学研究室推荐为省优秀教研组——全市学校中仅有两个教研组获此殊荣。

随着"活动理念"在学校多个领域落地开花，范通战感到自己之前在很多文章当中描述过的理想中的教育在现实当中有了萌芽，便产生了做"大课题"的想法。他把课题命名为"归真教育"，探索通过活动把僵化的教育激活，使变异的教育回归本真追求的路径。归真教育的思路是着力改变师生的教育生活方式，提升校园生活质量，让师生都感受到教育的乐趣，获得真正的成长，重塑积极的生命状态。

教育教学立足于丰富多彩的、激发师生自主性和创造性的活动，师生的生活及生命状态就会发生质的转变；这样真正为生命奠基、为师生的幸福生活服务的教育是"真教育"——这是归真教育提出的基本理念。2011年12月，范通战的论文《归真教育理论与实践》荣获"焦作市提高教育质量十大科研成果奖"；2012年9月，"在归真教育实践中实现教师专业化发展"被武陟县教育局推荐，立项为中国教育学会"十二五"教育科研规划课题。

2014年，范通战出任学校副校长，在他的引领下，学校开始以"归真课堂建设"为核心，一年一个主题，积极而又耐心地扩大归真教育实践范围。没有雷霆手段的"强力推进"，而是润物无声的"渗透"。几年下来，"为灿烂生命奠基，为幸福生活铺路"的教育归真核心理念逐步融入教师的教育血脉，"先学后用，学用结合"的重视活动设计的思想自然而然地践行在日常课堂上、体现在教育行动中，学校的教育品质有了质的飞跃。

原先在实验中学担任中层领导的贺小兵调入城乡接合部的覃怀中学之后，

以归真教育理念引领学校发展，开始做"归真教育理念引领下的快乐成长课"课题研究，三五年时间学校就大变样，教学质量突飞猛进，师生"灿烂"的生命成长状态让全县老百姓瞩目。

2015年，范通战的专著《归真教育——教育本真的探索与实践》由大象出版社出版；2019年，"归真教育的探索与实践"课题荣获河南省基础教育教学成果奖一等奖，并被省教育厅推荐参加第四届教育国际博览会交流活动……

"让教育归真"的理念，来自课堂学习活动中师生昂扬向上、智慧倾泻的生命气息的启发，而最终形成了"一个核心思想，六大基本理念，一种基础课型，五大主题行动，多元层次考核"的学校教育整体改革的行动方案成果。

能够获得这样高质量的成果，无法不让人赞叹范通战的教育情怀与执着探索精神。除了这一点，另一点启示更值得教师重视和借鉴，那就是他的系统思维或系统思考问题的能力。系统思维是一种全局观、整体观和发展观，善于洞察事物之间的广泛联系，及其演化发展的趋势。

系统思维反映在文章写作上就是"主题集中，思考深入；广泛联系，建立体系"。将一个事物放到一个系统中去认识，或者将对它的认知系统化。这种意识无论对我们思考问题还是写作，都大有裨益。比如，范通战曾立足课堂教学探讨教师需要建立哪些意识，写出了系列文章，后来被《教育时报》连载了十篇；文章从理论和理念高度上揭示出课堂教学规律，对构建新课堂、指导新手教师快速成长非常有价值。

再如，他领着学生阅读《西游记》时，有了很多发现和感悟，写出了教师的成长之道、为师之道、管理之道、修养之道和工作之道5组系列文章；后来他将文章整理成一个专题讲座《〈西游记〉中的教育智慧》，听过的老师们都不禁感叹他的思想深度。

几年前，范通战牵头成立了区域归真教育实践联盟，开始致力于引领联盟学校教师专业成长和归真教育理念的落地实践与完善。改变那种被动机械、驯服压抑的生命状态，让师生都展现出活生生的生命应有的灵动、昂扬、自主、日新姿态，是范通战笃定的教育理想和信念。今天，他仍然写着文章，继续在成长，但已然能称得上是有教育思想的教师。

将研究的视角对准范通战，我们或许能够得到这样一些成长启示：作为教师，尤其是青年教师，在登上讲台头几年的成长关键期里养成记录和反思教学的习惯，具有深远意义。写作，好比教师专业成长"小投入，大产出"的杠杆系统，能够帮助你探求种种教育问题的本质，发掘教育乐趣，收获教育智慧，其影响会超乎你的想象。

法则 7：走干研究
——解读丁保先

名师管建刚有一本专著叫《不做教书匠》，影响很大。随着新课程改革持续深入，"不做教书匠"也成为教师专业成长响亮的"口号"或"宣言"。

成长寄语：

在不断的自我期许、自我否定中成长。

丁保先

微档案

丁保先：河南省郑州市纬五路第一小学退休教师，独立教师。全国优秀教师，河南省教育厅学术技术带头人，首届河南最具影响力教师。

为什么教师不要做教书匠

"不做教书匠"成了很多教师的共识。但是，也有对概念较真儿的老师不是很认同这个提法。因为"匠"并不意味着低级，否则就不会有"匠心独运"等成语；近几年，中国构建新发展格局，振兴实体经济，"大国工匠""工匠精神"也成为热词。能成为"匠"者，那一定对自己吃饭仰仗的手艺活儿不敢怠慢，能力至少得达到一定水平，经验丰富、技艺纯熟才行。

那为什么管建刚老师不赞成教师做教书匠呢？我理解的是，匠人的工作对象多是木头、石块、钢铁等种种没有生命的材料，而教师面对的可是活生生的、有生命力、有思想和情感、未来有着无限可能的学生。

教师不能像对待所要加工的材料那样面对学生。比如，匠人工作时一般都得按图纸来，照着设计好的固定样式加工材料，不能走样，或者全凭自己的想象、审美、意图等完成一件作品；而教师教学则不然，想要获得理想的效果，绝不是照着教科书和教参的"图纸"，不听取学生的意见、不结合学生的反馈就行的。

可以这样讲，教师不做教书匠，就是要摒弃那种"匠气"——墨守成规的"机械化""模式化"，或者"自以为是""独断专行"。

不做教书匠，那么教师应该"做什么"呢？做专家型教师，做学者型教师，做研究型教师。

管建刚老师是"不做教书匠，做研究型教师"的践行者。作为小学语文教师，他钻研小学生作文教学的有效方法，破解学生不会写作文、害怕写作文的老大难问题。他的《魔法作文营》《我的作文教学革命》《我的作文教学主张》《我的作文训练系统》《我的作文评改举隅》《管建刚与后作文教学》等系列专著，就是多年行动研究所形成的独特的"后作文教学"厚重成果。

研究型教师，我认为是教师职业发展中的高级状态、理想状态。专家型、学者型教师，本质上是研究型教师。一个教师不做研究，不会成为某个领域的专家，不可能有学者水平的学问。

但是，也可能正是因为"研究"与"学者""专家""专著"挂钩，让不少教师对"研究"望而却步了，认为自己没有那个水平、能力。可是，老师们为什么不反过来思考，相信研究对成长的巨大推动力呢？

"不是因为有了希望才坚持，而是因为坚持了才有希望；不是因为做成功了才相信，而是因为相信才获得成功。"在对待"研究"的认识与态度上，我愿意多次重复这句有着励志鸡汤味道的话。

当年，当管建刚决定安心地做语文教师时，教师职业生涯已稀里糊涂地过了8年；然而当他投入地展开作文教学研究后，不知不觉就进入了高效成长状态——

他领着学生办班级周报，为学生作文创造了展示平台；作文教学方式被他颠覆，学生先天马行空地写，就写自己想说的话，讲真话，然后老师再指导修改……两个重要行动扭转了学生害怕写作文、不会写作文的状况。学生发展的同时，管建刚的成果也一个接一个，成为小语界的"一线明星教师"，一直"火"到现在，推动了小学语文阅读和作文教学的发展。

2017年，在河南教师成长学院的公开课演讲中，他幽默地说："我的普通话很普通，中国字也很不中国……但这些都没有妨碍我出十几本书，没有妨碍我成为特级教师。所以，基础的问题，也不是问题。"瞧瞧，如果没有跳出"匠"的思维模式，他的成长就不会是这样的路径选择。

为什么做研究能让教师高效成长

为什么做研究能够让教师高效成长？为了简洁地阐述这个问题，我先重申"成长的核心即能力拓展与提升"的观点。自己真正学会的、对自己有用的知识技术，构成自己能力的核心部分。而一个人真正学会的、对自己有用的知识技术，都是自己发现了其对自己的意义，而且经过自己深入思考、反复实践才获得的。这些观点都是认知结构学习论、建构主义学习理论所充分支持的。

所以，教师专业成长是在问题的认知和解决实践当中实现的。在一个时间段内，所经历的问题认知和解决实践越多，能力就拓展提升得越快，成长就高效。而这个问题认知和解决实践过程也即研究的过程。当然，这里所说的"研究"是广义上的，不是教科研课题立项的"研究"，它无外乎"问题、阅读、实践、反思"的循环往复。

实际上，"做研究型教师""教师即研究者"的话题在2002年新课程改革启动之初就被众多教育专家、学者重视了。因为教育教学不是标准化、统一化的大生产事业，学生的认知水平、性情、兴趣、价值观、需求千差万别，这就注定教育教学是个问题海洋，为了解决问题而进行研究是教师职业的一种内在要求。

为了引领更多的中小学教师做教育教学研究，教科研管理者提出了一些新概念，比如"小课题""微型课题""草根课题"等，以区别于正规的教科研课题。做"小课题"，不需要申报、立项，当然就没有了所谓的名额限制，也不必经过开题、中期报告、结题等程序，但要有教科研的一些基本要素。比如，要有明确恰当的问题、有研究的目标，要综合运用调查法、访谈法、文献法和实验法等研究方法，要按照一定的步骤开展研究，写出论文，等等。

小课题研究对中小学教师的帮助非常大，既能够有效地解决教育教学实践当中遇到的实际问题，又进行了课题研究训练，能提升教科研意识和能力，为将来做正式立项的"大课题"打基础。

不过，现实当中，研究在教师群体的教育生活中并没有显现出让人瞩目的分量。根据上级部门和学校领导的要求，凭着经验、感觉，或者用老教师教的立竿见影的"绝招"管教学生；照着教学参考书和流行的教辅资料，以及利用网上的资源包上课、布置作业……这反倒是常态。在获取信息十分便捷、上级和领导事无巨细施加影响的时代，将思考外包出去，自己省心省力，对于教师来说是很自然，也乐于接受的事情。

更关键的是，教育教学一直没能摆脱应试化的控制和束缚，而被简化为拼时间投入、拼熟练程度、拼学生驯服度的工作，这种情势之下，研究对教师而言无疑显得多余——因为用不上。

缺少了研究的教育教学，注定是平庸的，因为它只能训练出格式化、单向度的人；而疏离研究的教师，不可能给学生成长以有价值的启迪、帮助和支持，教育人生也一定平庸无奇，缺少光彩。

我想，没有任何一位教师内心里会甘于平庸，但在认知上会有短板，在行动上会倾向于选择"省心省力"……这些都在迟滞开展研究的步伐。能搬走障碍的教师，就能在高效成长、通往成功的路上快人一步。

怎么做？从做小课题研究起步。关于小课题的信息、成果非常丰富，只要教师有成长的强烈渴望，很快就能搜集到学习资源。比如，江苏省南通市教育科学研究院的冯卫东老师就做过很多论述，除了专著《今天怎样做教科研：写给中小学教师》，还有发表在《人民教育》等报刊上的一系列论文。找来认认真真地读一读，就能学习到方法。

研究型教师是什么状态

对志于研究的教师，我有三点建议：

第一，有意识地提升信息素养。今天我们所处的时代，信息不仅泛滥、过剩，而且开始了"精准投喂"，所以教师必须具备根据自己的需求检索、鉴别、评价和应用信息的能力，否则就不可能做好时间和精力管理，反而会降低工作效率。

比如，有了研究的意识，随之就会产生学习研究方法、提高研究能力的想法。这方面的信息是海量的，除了一些经典的专业图书，互联网上还有大量的论文、案例和在线课程等。具备良好的信息素养，就能很经济地获得做研究的核心知识，为研究实践奠定基础。

信息素养本质上是信息时代的独立学习能力，包括能够熟练运用各种技术、工具获得有价值的信息，运用于实践改善当中，以及深度反思、调整和总结，创造和输出新的有价值信息的能力。

我一直认为，"教育教学没有新问题"，老师们在教育教学中遇到的90%以上的问题，古今中外的教育家，包括当代的优秀同行早就探究和论述过，有了强大的信息搜集整合能力，绝大多数问题都能找到解决思路。

具备良好的信息素养，还意味着思想的开放性，即获取信息的渠道不会单一，如备课时组织教学资源不是只参照教参；还意味着思维的独立性与批判性，如不会简单地照搬一些结论，而有自己的思考与见解，也鼓励学生独立思考和判断，勇于表达自己的观点；等等。

第二，珍视自己遇到的每一个问题。志于研究、想高效成长的教师，就不要害怕和逃避教育教学问题。没有问题就没有研究，问题是研究的起点和落脚点。

一位与我熟识的年轻班主任曾向我诉苦，学校副校长似乎不喜欢她，把最差的班分给她，云云。除了宽慰，我建议她想清楚自己到底要追求什么，专注于有价值的事和自己的目标——如果想成为名班主任，带所谓的"差班"反而是契机，好好研究班级建设和学生成长引领，解决班风不良、学生行为习惯和学习状态不佳的实际问题，实实在在提升班主任工作能力，获得真知，增加专业底气。

珍视问题，除了不忽视、放过问题，还要把问题钻深研透，有"打破砂锅问到底"的精神，不能浅尝辄止，只满足于问题表面化的解决。仍以教"差班"为例，不是学生被看管住了、听指挥了，纪律好了，各种考评分上升了，就算问题解决了、成功了。一个简单的测评方法就是看班主任在场、不在场两种情况下，学生所表现出来的行为是不是一致。如果不一致，大概率是班主任所采取的策略、方法不可持续，教育过程不符合教育规律、教育精神，不能真正促进学生改变、发展。

珍视问题，就把问题当成课题。对于"差班"的班级建设，班主任需要梳理班级和学生的种种现象，从现象中梳理出关键问题；再一一针对问题找原因寻策略，做改进实验；遇到障碍、困难，再调整思路，运用新方法……当然，做好这些工作有个前提，即班主任能与学生建立起信任关系，激发这些被贴了"标签"的学生身上的上进心和斗志。这也需要班主任以做课题的思路加以研究和实验……最终，既改进了实践，又获得了有传播价值的研究成果，能给同行以启迪。

第三，修炼自我超越的心向。学问无边，思想无界。志于研究的教师，有不断超越的精神，所获得的成果才可能价值更大、更有影响力，教育也才会不断进步。

自我超越，与教育的旨趣相一致。"大学之道，在明明德，在亲民，在止于至善。"《大学》开篇将人成长的方向和育人的目标讲得精辟明白。这是非常高的甚至说是无止境的目标，只有教师具备不断自我超越的心向，才可能更加接近它。教师努力让今天的教育品质超越昨天，教育与社会发展进步的源动力就会增添一分。

教师做研究，根本目的是让学生得到更好的发展，却能够同时成就教师自身。追求教育教学的超越性，让学生能够有更多的选择，有更多的发展平台，有更多的学习成长体验，有更多的未来可能性……那教师遇到的问题和挑战将会连绵不绝，而且都是全新的，但教师终将收获一个充盈着活力、丰富精彩的教育人生。

做研究与其说是更好地去解决教育问题的途径，不如说是教师可以选择的一种生活理念、生活方式。这样的生活方式少有潇洒，少有喧闹，却能够让教师从内心里感受到满满的快乐与成就感，以及各种意想不到的"隆重庆典"。

不做教书匠，做研究型教师！高效成长，就从此刻的这个念想起步。

"懒教师"的真实意义

2005年我采访丁保先老师时，"我可懒"的自我评价常挂在她嘴边。不过，在熟悉丁保先的学校领导和同事们的眼里，"懒"是一种教育智慧或教学风格。

丁保先在郑州市的教育界，尤其是小学圈里小有名气，因为她很早就独自开始了语文教学的研究探索，而且取得了令人刮目相看的教学成绩。

与其他教师相比，丁保先有许多不同之处。比如，她不批改学生作业，也不写教案，但是，每个新学期她都要认真反思上学期的教学，再根据新课标制订新学期的教学目标和详细的教学计划。

课堂上，丁保先很少板书，也很少讲解，而是让学生自己一遍一遍地读课文；然后，她才提出一些问题："读了这篇课文，你们想到了什么？""作者是用什么写作手法来表达这种思想的？""还有其他的方法吗？"……在她的引导点拨下，学生渐渐都锻炼出了阅读、思考和表达能力。

这样一来，别的教师要用一个学期教完的课文，她一个月的时间就领着学生学完了。

剩下的时间怎么办？"搞自己的东西"——她托朋友买来上海使用的教材让学生学习，但是，薄薄的教科书还是架不住她与学生的"划拉"……于是她开始领着学生学习整本的古诗文，《三字经》《千字文》《论语》《老子》等，很多学生都会背诵。

丁保先还把一些精选的书籍搬进了课堂。《草房子》《感悟母爱》《爱的教育》《鸟奴》《细米》《射雕英雄传》等，丁保先领着学生"边读，边批注"，一一学习完了。

丁保先带过的学生都有着令人吃惊的阅读量：一般的学生从三年级到六年级毕业，阅读量有1000万到2000万字，更好一些的学生有三四千万字。学生的阅读量已经远远超过了新课标规定的400万字的要求。有了这么大的阅读量为基础，学生们的语言理解和运用能力已经远远超过了同龄人。丁保先时常把初中三年级的一些阅读理解题拿到教室让学生"练练手"，很多学生轻松地称这些阅读题为"小菜"。

也许在有些语文老师看来，这没啥了不起的，因为现在各个小学、很多语文教师都非常重视学生阅读。比如，漯河市第二实验小学从学校层面支持语文教师做教学改革，学生阅读能力和阅读量都非常大，教科书真的被当成了其中的一个阅读材料，但学生的语文成绩不耽误，听说读写的语文素养得到很好的发展。

可是，要知道丁保先取得这些成绩是在20多年前。那时候"海量阅读""群文阅读""整本书阅读"等概念还没有被提出来，敢这样做的老师凤毛麟角。

丁保先能够称得上是小学语文课改的"先锋""探路者"。

在学校，包括郑州市金水区组织的公开课、交流课教研活动中，丁保先所教班级的学生知识面宽，敢讲会说，常常让听课的老师们、教研员赞叹不已；而且在语文教学质量监测中，她所带班级的学生成绩屡屡名列前茅——这为她能持续深入地"另类教学"赢得了空间，而且渐渐有了名气，其"新语文"开始引人注意。

丁保先自称"懒教师"，却成为语文课改研究先行者。原因何在？因为她最终选择了不与"问题"和解，而是"开战"，放弃了"随大流"式的教学方法。她变"懒"，是不再想重复那种教师主导的灌输式教学，要把学生真正拉上语文学习实践的主体位置。

"投入多收益少，高耗低效"是语文教学的痼疾。老师、学生把大量的时间用在了应对考试上，掌握不少语文知识，但实实在在的语言文字运用能力和文化素养没有提升多少。

为了让学生能考个好成绩，课堂上丁保先也曾将每篇课文"拆开了""揉碎了"，生怕学生掌握不了。学生作文常常批改得密密麻麻，甚至从布局、立意到段落、词语都要帮助学生改一遍。

教师自己每天累到疲惫不堪，教学效果却不理想，一个典型的现象是学生普遍写不好作文，害怕写作文——"只会写老师指导过的作文，换一种类型、一个题目就又不会了。一写作文就是生编乱造，堆砌词句，条理不清，语言干巴。"

这些问题很多教师早都发现了、抱怨了，但是有教师认为这是与大环境绑定在一起的，无解，干脆就无视；有教师也尝试改变，开始探索实践，可遇到点困难、挫折就停滞了，未能把好的想法、理念落地，做成功。

"浅思考"的研究是如何推向深入的

语文界的"门派"较多，但是有些理念很早就成为共识或者语文教师的常识。比如，发展学生的语文能力或素养，大量的阅读积累是基础，否则其他的诸如工具性、人文性等，都无从谈起。

有了要课改的想法之后，丁保先便从学生的课外阅读抓起。那么，第一个问题就是读什么书。根据直觉，或者说潜移默化形成的意识里，那就是读名著。但是，丁保先经过观察、调查，发现学生对传统的一些名著并不感兴趣。因为学生的知识、阅历有限，年龄特点也决定他们不喜欢"厚重"的书。

丁保先随后想通了，"名著虽好，但强迫就不好"，要让学生喜欢读书，必须选择适合学生、能吸引学生的书。

为了给学生推荐图书，一方面，丁保先与学生聊，让学生推荐，自己再把关；另一方面，利用节假日逛书店和图书批发市场。在那里，她发现了自己以前不曾了解的世界，一本本轻松、活泼、健康、有趣的当代少年儿童读物打动了她。

读什么书的问题解决之后，紧接着第二个问题就来了：书从哪里来？如果全面引导学生读书、统一行动的话，就需要赢得学生家长的认同和支持，首先让家长舍得给孩子买书。"搞定"了家长，"家庭阅读环境支持"的第三个问题也能一起解决。

事实上，丁保先起初推动学生课外阅读时，很快就遇到了来自学生家长的压力。一些学生家长认为，"那些课外书、报刊又不考试，让学生读纯粹是浪费时间，丁保先就是不务正业，不好好教学"。在与丁保先"交涉"无果的情况下，一些家长就给校长写信告状。

这就又引出来第四个问题，也是一个核心问题：这样做会不会影响学生的考试成绩？

校长找丁保先谈话，她坦率地讲了自己对语文教学高耗低效的看法，以及自己课改的想法与思路。开明且内行的校长被丁保先的"真诚告白"打动了，明确表示支持她，同时建议她与学生家长再好好地沟通，消除家长的误会和顾虑。

校长没有明说，但丁保先明白，不能影响考试成绩是底线。引领学生多读书，势必占用原先要做题练习的时间，那么如何保障学生掌握课文和课标要求的知识技能，就是要慎重面对的问题。

丁保先坚信，只要学生多读、多思、多写，那么考试就没有好担心的。于是，她大胆地把课文视为众多阅读材料中的一种。这又引出一个新问题——第五个问题：以大量阅读为特点的课怎么上？有哪些课型？其基本的教学流程是什么？

接下来，第六个问题：学生的阅读能力不一，怎么有针对性地提升学生的阅读能力？

第七个问题：随着学生阅读的课内课外相贯通，对学生的阅读过程如何有效管理？阅读的质量、成效怎么科学评价？学生的语文课成绩又怎么评价？

第八个问题：组织开展哪些活动，搭建什么平台，来保持与进一步激发学生的阅读兴趣？

丁保先的课改并不是把这八个问题全部都想深、研究透才开始，完全是边做边研究。这种非常普遍的"浅思考"的教学研究状态，与教师缺乏研究训练、理论积淀少有着很大关系。

那么，为什么丁保先还能取得成功？采访时她告诉我，是因为她对现实不满足。

她的很多做法最初就是凭直觉、灵感突至和经验。头脑中有了一个想法觉得不错，就去试，有效果，总结经验，不理想了，就找原因改进。

尽管刚开始的思考很浅，但她不停歇，遇到问题不放过，最终将该思考、研究的问题都想到了，结合实践把这些问题也都想深了。

教师需要具备哪些新思维

丁保先的课改能取得成绩、获得成功，也有"幸运"的成分，因为在研究探索的过程当中得到了专业支持。当时的郑州市金水区教科室主任潘英、郑州市金水区教研室主任周玉谦等专家在了解到她的自发课改后，都给予了指导和支持。丁保先开始重视阅读教育理论专著，学习教育科研方法，而且对自己多年来的实践探索进行系统的总结和反思。后来，她主持的阅读科研课题获得了郑州市优秀教育科研成果奖。

课改前行中遇到的一个个问题，丁保先都很好地解决了，显现出非常高的实践智慧，形成了小学语文教学一套独特的方法，即在阅读理解、交流研讨的"练习"之中快速学完教科书，掌握课标要求的基本知识技能，然后有规划地实施阶梯式阅读写作计划。

每接手一个新班级，丁保先首先是摸底学生的阅读情况，然后组织学生家长"开会"，向家长详细阐述自己的教学理念和接下来要做的事情，赢得家长的理解与全力支持。当时，能在班级里成立家长委员会，协助处理好班级教学管理事务，促进家校关系和谐，显现出了前瞻思维。

阶梯式阅读写作计划的时间跨度是 4 年或 2 年，每个学期、每个假期、每个月、每一周都有详细的阅读书目和进度。阅读的书目结合班级学生的年龄、兴趣等特点，比如先从"动物系列"的儿童文学作品入手，读书方法采用批注理解、听写好词、撰写读后感、课堂讨论等方式，把原先随意的"课外阅读"拓展到了课堂之上,实现了"有效阅读"。

随着学生阅读量扩大,阅读兴趣、理解能力和思辨能力等也得到了有效提升,原先"没兴趣""读不懂"的经典名著被一步步请入课堂。讲《水浒传》,评《三国演义》,续写、改写校园文学作品,写人物分析,自己编著绘本,为科普读物设计问题……丁保先的语文课堂俨然成了孩子们的百家讲坛,堂堂呈现百家争鸣的鲜活状态。

学生大量阅读,而且形成了自己去发现问题、试着自己思考和与同学讨论的习惯,既长知识又学方法,还培养兴趣,受到文学的启蒙与熏陶,可谓一举多得,教学的有效性得到有力提升。

读得多了、深了,写作就有了充足的素材,在每周 3 篇随笔的磨砺中,在一学期 60 篇文章的积淀里,很多学生练就了"下笔如有神"的真功夫。

中国教育学会中语专委会阅读推广中心主任、河南省基础教育教研室资深语文教研员孟素琴经常在讲座、报告当中讲丁保先的课改案例,她评价丁保先的语文教学真正促进了学生语文能力的提升,发展了核心素养。

因为教学成绩突出,丁保先获得全国优秀教师、河南省教育厅学术技术带头人、郑州市第四届"十大杰出女性"等荣誉,而且在 2013 年当选首届河南最具影响力教师。著名特级教师高万祥老师评价丁保先的语文课"洗尽铅华",虽然"简单",却是"最伟大的方法",称得上是"人文语文、道德语文、真实语文、有用语文"。

如今丁保先虽已退休,但并未离开心爱的课堂和学生。有不少民办学校和教育机构邀请她"继续发挥余热""担任顾问",但向来自由自在的她选择了做"独立教师"——"带着几个学生一起读书玩儿",既解闷儿,又随时可以"看世界,说走就走"。

站在"新时代教育高质量发展"的起点,审视丁保先在 20 多年前的课改,我却并未感到一丝的"历史感"。她的实践正是当下及未来语文教学力图要展现出来的图景,而实践当中闪耀着的"思维之光"依然能照亮今日年轻教师的成长之路：

1. 前瞻思维。丁保先的很多做法很超前，这种思维怎么来的？我认为是能看到教育现实与教育理想之间的落差。其前提是洞察教育教学的本质或核心，知道理想的教育是什么样的。理想的，就会是超前的。比如作为语文教师，你必须把语文对学生成长有哪些不可替代的学科价值，能提供哪些帮助和支持，以及教什么、怎么教等根本问题，想清楚。

2. 高效思维。丁保先说自己能够把课改做下去，就是有一种"经济思维"在推动，"怎么用最少的投入取得最大的效益"。教师一定要建立高效教学的思维，不做无用功，真正让自己和学生一起随着宝贵时光的流逝而在进步、变得更优秀。

3. 研究思维。不同于专职的教育研究者，教师做研究是为了更智慧地解决问题。具备研究思维，意味着教师遇到了教育教学问题时不把问题上交、移交或回避，而是自己探究解决。"优化实践"是教师研究的价值导向。

4. 成长思维。冠军不是靠换跑道得来的，成长才是解决自己遇到的问题、走出困境、获得成功的最佳方法。丁保先后来经常受邀到各地和学校给老师们传授经验，她总是用自己的经历告诉老师们，"专业发展的意识决定你的教学高度"，"语文教师的'内存'太小，文化底蕴不够深厚，怎么也上不出好课"。

以新思维教新语文，而语文之新恰在思维之新。年轻教师需要接过这些新思维的火把！

法则 8：管理精力
——解读闫付庆

　　近几年，中小学教师职业出现了"围城"现象：据教育部公布的统计数据，2016 年，全国教师资格证报考人数为 260 万；2017 年，这一数据激增为 410 万；2019 年则增长至近 900 万；2020 年达到 990 万；2021 年再次剧增至 1100 万，其中 800 万是非师范生。

　　报考教师资格证人数激增有就业压力连年加大的现实状况，同时 2020 年之前有大量获得教师资格证的年轻人就职于校外培训机构；可是，这也能从一个方面表明，数量庞大的大学生有意从事教师工作。

　　与此同时，中小学校里面，教师职业体验不佳甚至职业倦怠状况一直比较严重。近些年来，一些体制内教师辞职情况也比较多，这都引发了教师热议。

　　改善教师职业体验，确实需要政府加大投入，优化环境、减少教师的非教学性事务。那么，教师自身能够做些什么呢？

成长感悟：

教育就是用成长的姿态陪伴学生成长，影响现在，成就未来。

闫付庆

微档案

闫付庆：河南省安阳市殷都区许家沟乡河西小学教师。河南最具智慧力班主任，首届河南最具影响力班主任。安阳市优秀班主任，国家二级心理咨询师。《班主任之友》封面人物。在《中国教育报》《教育时报》《班主任之友》《班主任》等报刊发表文章300多篇。

突破"围城心理",教师能做什么

刷微信朋友圈,无意间读到洛阳市偃师区实验高中付卫平老师发在"简书"里的文章《你的孩子将来愿意做教师吗?》。付老师以自己的观察、经历呈现当前教师的工作状况、所思所想,特别是社会上一些人的误解及态度让她气恼——认为做教师很轻松、惬意,还能"捞外快",其实教师承受着方方面面的压力,工作量超负荷,身心疲惫,幸福感比较低。

"将来想不想做老师?""你愿意自己的孩子将来当老师吗?"付老师这样问过不少学生,问过很多家长、教师同行,绝大多数人的回答是否定的。

付老师的感受和得到的结论,与国内近些年各个机构数次大规模教师调查得到的结果是相一致的。付老师觉得现在的教育令人担忧,与公众对待教师的态度有很大关系。她呼吁:请问一下你的孩子"将来想不想当老师",如果孩子想,你会不会支持孩子?如果支持,就请善待教师,只有如此,将来你的孩子才有可能被社会温柔以待;如果你不支持孩子,说明你知道教师的辛劳、不易,那就更应该给教师理解和支持……

我赞成付老师的观点。理解支持教师,才能让教育更美好,与自己所期待的理想教育更近一步。教师没有安全感,缺失幸福感和成就感,大概率只能维持中低层次的教学品质。

当下中小学教师除了面对学生成绩压力,还有保障学生安全的压力,此外与教育教学关联性不大的事务性工作要占用很多时间,各种应付评比和检查的表格填写、材料准备应接不暇。总之,随着社会环境的变化,政府、公众对教育服务的品质有了更高的期待,很多都需要通过教师落实,导致多重要求层层加码,教师觉得不堪重负就难免了。

教师需要处理的教育教学工作及面对的要求多多，可是上班时间又被分割成碎片状，想"出活儿"只好带回家，压缩睡眠时间……可是每天下班回到家时累得连话都不想多说一句。

更让教师感到难受的是缺乏教学的掌控感、自由度。长期以来，教师是被当作课程的执行者来定位的，即无须多思考和创造，按照教参教书即可，按照学校或更高一级部门规定的节奏与内容，按部就班上课和操作就行。

新课程改革20多年来，力倡教师拥有教学自主性、自主权，可是长期形成的教育文化使众多教师仍习惯于或者甘愿做"不思考的操作者"。近几年，一些学校的集体备课又出现了统一进度、统一教案、统一课件、统一作业等要求，又将教师重新置于一种"工具化"的境地。这样的教学生活，教师不仅不可能收获真正的良好的教育，还更可能由于工作的机械化重复性而陷入职业倦怠。

总之，用教师自己的话讲就是"老师是'小媳妇'，'婆婆'太多"。"人无压力轻飘飘，井无压力不出油"，但压力过载，就不再是动力，反而成为前行的阻力。

外面的人想进来，而"围城"里面的人一直在想着怎么逃离。教师呼吁，媒体报道，舆论之下，国家高层开始出手治理。2018年1月中共中央、国务院出台《关于全面深化新时代教师队伍建设改革的意见》，提出"真正让教师成为令人羡慕的职业"。2019年9月9日，中央全面深化改革委员会第十次会议上通过了《关于减轻中小学教师负担进一步营造教育教学良好环境的若干意见》，明确要求"严格清理规范与中小学教育教学无关的事项，切实减轻中小学教师负担，让中小学教师潜心教书、静心育人"。

"围城"内的环境要改善，但真正突破"围城心理"的侵蚀，教师自己也得有所作为，让自己成为"高效能"教师，努力追求教育教学工作之中的成就感、幸福感。

根据"效能"概念的内涵及外延，高效能教师是在相同的时间内发挥更多更大的有利作用，能达成理想教育目标，以及获得更多更大理想的有形成果的教师。

在讨论高效能教师之前，我们需要有一个认知基础或共识："从善如登，从恶如崩。"教育是慢的艺术，立竿见影、一蹴而就的成效极有可能是走向了教育的反面。所以，教师自我效能评价宜在较长的时间段内，比如一年、三年。这有助于自己将浮躁之心调理平静。心态平和，自己的毅力、意志在教育教学的目标追求和成果凝结之中投入越多，其价值将越大。

面对扑面而来的各种各样的烦琐事务，高效能教师首先会做"精力管理"。精力管理是融目标、欲望、情绪、时间等管理于一体的生命能量管理，保障自己每天能把精力投入到有价值的事情上，提升工作效能。

高效能教师会怎样做选择

做高效能教师，做好精力管理，第一个面对的问题即什么才是有价值的事情。这个问题不会有标准答案，每个人都会根据自己的价值观来作出判断和决定，这也就是目标管理的内涵、意义与全过程。

不过，如果研究一下众多名师、有成就的教师的成长经验，可能就会有一个"惊人"的发现：他们对什么是有价值的事情是有共识的，或者说他们的实践最终显现出一致性，往往集中在几个方面。

第一，在工作中创新、创造，做"从0到1"的事情。在创新、创造这个问题上，首先需要明确一点，即这样做并非是为了标新立异，引人注目。在工作当中创新、创造，一定是为了改善、提升，有更高更多的追求，或者是为了更好更圆满地解决问题，因为常规的方法无效、低效。

对于创新、创造，也不要"神秘化"理解，认为这不是普通教师能做的事情。事实不是这样的，创新、创造，并不容易，但不是高不可攀；只有对所做事情的本质有深刻把握，再加上一点大胆的发乎于心的奇思妙想、异想天开，就能够创新、创造。特别是教育，没有类似于"商业机密"的东西——好策略好方法，古今中外的教育名家的专著、当代教育期刊上的专业论文，都讲得非常透彻了。我敢这样讲，大家公认的教育经典著作你能研读十本，国内公认的一份高水平教育专业期刊连续研读五年，就足够掌握创新、创造的智力资本或灵感。

还需要树立这样一种观念：做自己从没有做过的有意义的事，是创新、创造；做你身边的人都没有想过、做过的有意义的事，也是创新、创造。

有一个例子：首届河南最具影响力班主任闫付庆老师一直在农村学校工作，他后来到一所村小任教，发现学校从来不开家长会。虽然匪夷所思却是真实情况。开家长会，与学生家长做好沟通，进而形成合力，显而易见对学生成长、对教师的工作成效益处多多。于是，他精心筹划，从邀请家长参会到家长会内容做足功课。家长一个都不缺席，一个个听得双眼放光，没有喧哗和走神，这说明家长很需要与老师沟通，需要家庭教育理念和方法的指导。

这就是创新、创造。其实，这种类型的创新、创造更需要的是勇气，因此是教师成长中最珍贵的力量。

第二，在工作中洞察本质，抓核心、关键，做"培根固本"的事情。教学的核心和关键点是什么呢？是帮助学生发展认知，提升思维能力和自主学习能力。洞察了本质，教学就要将精力用在帮助学生建立概念、发展逻辑思维能力，即学习思考问题的方法上，以及培养各种良好的学习习惯上。

学生学习、成长的核心和关键是什么？是梦想、目标激发出来的内动力与意志力。所以老师需要尽可能多地了解学生的兴趣爱好，发现长处，激励、引导学生生发对未来的美好向往，构筑梦想、树立目标。学生对自己有期待，自然会生发动力。老师再辅以多创造发展兴趣、锻炼才干的平台，指导学生制订行动计划，督促形成及时总结和反思等良好习惯，学生大概率会自我管理，良性发展。再如，道德品质的核心是责任感，围绕这个核心多做文章，德育实效则能大大提升……

做"培根固本"的事情，实际上也是一种思维模式，看问题寻本质，着眼于根本，抓主要矛盾，可能刚开始难度大、进展慢，不如"直奔主题"显成效，却是让人笑到最后、笑得最甜最开心的方法。

第三，关注学生的问题，而不是紧盯有问题的学生。2017年年末，《当代教育家》杂志社通过微信平台发起了一次"不记名"的"教师'生存状况'大调查"，收集到4042名中小学和幼儿园教师的有效调查问卷。"职业痛点"项的调查结果显示：25%选择"期末评价"，39%选择"学生成绩下滑"，44%选择"上级检查工作"，50%选择"家长与校方起争议，甚至是冲突"，60%选择"批评教育学生反而造成不良后果"，76%选择"学生安全问题"。

可以看出，教师的工作压力很大一部分来自学生，这与很多教师反映的"现在的学生越来越不好教，越来越难管了"是相一致的，也正如付卫平老师在文章当中提出的困惑——"为什么问题学生越来越多？"

我觉得，化解学生（及其家长）带来的巨大压力，教师需要一个视角转换或认知升级：有价值的事情是与学生（及其家长）团结起来、站在一起，打败问题，而不是和问题站在一起，打败学生。

关注学生的学习成长问题是什么、怎么产生的，怎么与学生及其家长合作，让学生走出问题的困扰——教师就开始了教育行动研究，要做前面说的两件有价值的事情；而眼里如果是不断制造问题的学生，心里只会越来越窝火，对学生越来越讨厌，这就难免与学生及其家长产生矛盾，发生冲突，造成不良后果。

第四，筹划和落实服务大多数学生成长的事情，不被少数甚至极个别学生牵着鼻子走。不管是教学还是带班，精力要用在谋划学生整体进步的事情上、"学习型团队"建设上。

美国"全美最佳教师奖"获得者雷夫·艾斯奎斯创造"第56号教室的奇迹"的核心经验在于构建活泼有趣的课程与活动,提升教室和学习的"魔力",吸引学生,"给学生机会,让他们拯救自己的灵魂"。

著名的班主任工作专家王晓春老师也一再提醒:教师面对一个班的学生,本该把注意力重点放到多数人的身上。一位真正优秀的教师,直接用在问题学生教育上的时间反而应该更少。

这并不是讲教师可以轻易地放弃某些成绩落后的、行为习惯差的学生,而是提醒教师要善于发掘课程的育人力量、文化氛围的熏陶力量、团队的带动力量。

第五,有益于自我提升的事情。明确了什么是有价值的事情,完成目标管理,仅仅迈出了第一步,开始行动才可能让有价值的事情真正产生价值,达成目标。行动当中不能缺少学习提升,因为从一定意义上讲,我们和目标之间的差距,是能力的差距、素养的差距,最终获得美好的结果,是因为我们变得能干、优秀了,配得上那些"美好"了。自我提升的事情,一定要有读书、写作,尤其是写作。这是能够统领读书和实践的行动,它让我们在取得教育实效的同时,收获"有形成果"——如教育教学论文、课题、专著。

美国华尔街大佬、桥水基金创始人雷·达里奥说:"我阅人无数,发现没一个成功人士天赋异禀。他们也常犯错,缺点也不少,他们成功是因为正视错误与缺点,找到日后避免犯错、解决问题的方法。"他道出了自我提升的意义和方法。他还有一句震撼人心的名言:"如果你不觉得一年前的自己是个愚蠢的人,那么说明你这一年没学到什么东西。"

作为引领学生成长、帮助学生成功的人,教师必须把自我提升、不断成长作为信念。

雷·达里奥提醒想获得成功的人们,不要混淆了"目标"和"欲望":目标是我们真正想获得的成功,而欲望是会阻碍目标实现的东西。譬如,我们都希望自己身体健康、身材健美,这是我们都想实现的目标,但往往克制不住美食的诱惑、窝在沙发上看电视的贪恋舒适的欲望。所以，在精力管理中我们也得学会对欲望进行管理，而不是压抑、浇灭，其中需要意志力，更需要自我激励的智慧。

世界那么大，老师得去看看

闫付庆是安阳市殷都区农村学校一位普普通通的教师，从教近30年，在镇上的初中和多所村小之间数次辗转。他获得的官方荣誉不多，而且在不少人眼里是有点另类的老师；但在我眼里，他是对成长、对生命、对儿童有透彻感悟，有教育智慧的教师。我关注闫付庆老师，还有一个原因：他曾经有过严重的职业倦怠，一度想离开学校，而且付出过巨大努力。

实话实说，比例不小的教师是在对这份职业没有深入了解、谈不上什么职业情感，甚至是在"迫不得已"的情况下才走上讲台的。他们对职业的认知很浅，缺乏职业认同。这部分教师在工作当中感到不如意，如任务繁重、事务繁杂，再遇到一些挫折，如学生难以管理、家长配合度不高，受点委屈，加之收入水平低、对学校生活工作环境不满意——很快就会陷入焦虑和倦怠之中。

有些教师本来热爱教学，可"运气不好"——所在区域的教育生态不佳，很多做法明显与教育精神相悖；若再遇到学校领导工作作风霸道，教师管理和评价方式方法不科学合理，缺失公平公正和人文关怀——久而久之，看不到光明和希望，也会职业倦怠，心生去意。

闫付庆老师中师毕业后到镇上的初中任教，他责任心强，工作认真负责、兢兢业业，主动"挑重担"。不过那时候他对教育教学并没有深入思考，就是应试那一套，甚至学生学不好、不好好学时，还会体罚学生……教学成绩不错时他常沾沾自喜。

后来,学校一位无编制教师向学校领导申诉"同工不同酬",质问"我干得不比闫付庆少,成绩不比闫付庆低,有时还高,为啥我工资比他低那么多?"学校领导自然有应对的办法。但这件事引发了闫付庆的深思:尽管自己起点不高,但毕竟学过教育学、教育心理学等专业知识,受过专业训练,那教育教学有啥不一样呢?

思考让闫付庆想了很多,也改变了很多,对待学生的态度、对待分数的态度有了不少改变。但是,当时教育大环境没有什么变化,这就使得闫付庆在工作当中有了很多"看不惯",时间一长,很自然地想"不当老师了"。

闫付庆付出了行动。他参加自考,提升学历,寻求机会"出走":报考研究生,考公务员,参加司法资格考试……后来,他借调到县政府文化部门做文员,又有几次机会到县教育局办公室做宣传干事。

在政府部门做事后,他发现生活并非原先想象的那样,不由得反思自己到底想要什么样的生活、到底适合做什么、到底对教师工作是不是留恋等人生的大问题。

几年"折腾"下来,闫付庆觉得自己还是适合做教师,喜欢做教师,于是下定决心回归讲台。"回归",在不少人看来是无奈的选择,是无能,是窝囊;但闫付庆自己清楚,这些经历让自己更加清晰地认识了自己,对人生、对生活、对境遇也有了更加深刻的理解,于他,"回归"是新生活的开始,是自主追求教育乐趣和教育幸福的选择。

闫付庆决定把"心"在教室和课堂上安顿下来。"折腾"多年,唯一不变的是没有停止读书与思考,没有放弃善良和责任。对于教育,闫付庆始终是热爱的,只是很长时间他不懂得如何在现实中安放那份热情而不被消磨。

阅读使他在"疗伤"的同时,也渐渐找到真正的自我,开始更加深入地去思考人格健全的"人"的发展,而目睹与经历的种种教育上的怪现象让他对理想的教育不断有着勾画、设想。

心静下来之后，闫付庆越发感到教育之"难"。他在一篇文章中写道："自己面对的是一个个鲜活的生命，唯恐自己的愚蠢、无能，使本来聪明的孩子失去灵性，更害怕因为自己的轻举妄动和不恰当的教育行为，给孩子造成伤害。"

这样的认识促使他如饥似渴地阅读教育经典，以弥补之前荒废的时光。《给教师的建议》《陶行知教育名篇》《杜威教育名篇》《班主任工作漫谈》《跟苏霍姆林斯基学当班主任》等书就放在案头，随时向教育名家求取教育智慧。

收入不高，但他还是不断自费外出参加培训活动，开阔眼界，结识教育专家及志同道合的教师，用这种方式激活自己，保持发展的热情。信息网络普及后，他加入了"杏坛夜话"班主任工作群，按时参加话题讨论，积极发表观点，在与大家的思想碰撞中打开工作思路。

他参加班主任网上培训，开始比较系统地从理论到实践学习班主任工作策略，为此他经常忘记吃饭，减少休息时间。

有一段时光，每天早晨他要大声诵读一遍《道德经》，晚上读几章《论语》，用传统经典滋养心灵。在专业成长上的着力，使闫付庆的教学减少了盲目性，各项工作认真筹划。相应地，自己的探索收到了效果，学生进步了，一篇篇文章也在教育报刊上发表了。他增添了信心，也真切体会到了作为教师的成就感与快乐。

"世界那么大，我想去看看。"2015年河南省实验中学的顾少强老师以这简短的辞职信离职，当她把这封"辞职信"放到社交平台上时没有料到会引起"全国人民的关注"，引发那样大的热议浪潮。

确实——世界那么大，老师得去看看。这其中有两层含义。其一，如果对教师职业感到厌倦了，完全可以付诸行动进行一番"人生探索"。一定意义上，人生的意义就在于"折腾"，在于不断丰富经历和体验。也许，只有经历一番"折腾"，才能懂得生活的真谛，更进一步地认识自我，重新发现教师职业的价值。

不过,"折腾"是有时间成本和各种代价的,职业更换也存在一定风险。对于教育发展、教师个人发展而言,最佳方式是把"自我认识的探索""职业探索"前置,在真正走上讲台之前,教师就能获得更多的职业认知,建立职业认同。这实际上对于当前的基础教育、师范教育提出了更高的改革要求。

其二,放宽视界,对生活和世界有更多的了解与探索。客观地讲,教师职业相对封闭,同时工作任务繁重,很容易与社会生活和广阔世界隔膜。移动互联网的快速发展,很大程度上消除了原先因经济发展、交通条件等而造成的信息落差,理论上,上网即与全世界建立联系。不过,信息化生活当中的我们,更要警惕"信息茧房效应"——被单一的信息源塑造世界观、价值观。换句话说,教师不能习惯于、满足于经过精致包装的完美信息投喂,头脑和思想必须要像一匹野马一样,不受约束。

教师作为学生成长的指导者、帮助者,面对未来发展有着无限可能的学生,启蒙他们的人生梦想,激发内动力,就非常需要对世界、对生活有着透彻观察和深刻感悟。

活了112岁、学贯中西的周有光先生说:"你只要看看世界,只要把眼光放大,眼光一放大,许多问题就不成其为问题了。中国今天的问题是很多人没有看到世界。"我想,教师在工作当中疲累了、厌倦了,周先生这句话可以作为一种化解思路。我查阅的资料显示,这段话是他在接受《中国青年报》记者采访,说到"知识分子"时讲的,后面紧接着还有:"要看到古代,要看到世界,一个是时间,一个是空间,这样子才是知识分子。"

在谈论国家发展时,周先生提醒:"要从世界看国家,不要从国家看世界。"他又一再提倡这个观点可以用在很多方面,既可以是国家大事,也可以是个人生活。世界那么大,老师得去看看,但更要"从世界看自己",看清自己的位置,看到自己未来的可能性。

指导帮助学生是教师的本分

在再次决定踏踏实实站稳讲台之后,闫付庆全身心地投入到课堂、班级建设和学生发展之中。虽然参加自考、提升学历,拿到的几个大学文凭没有真正派上用场,但他的知识储备、知识结构得到了很大改善。他先后在中小学不同学科间游移,不管是领导的"甜言蜜语"还是"强行安排",他都没有感到特别的畏惧和不适应。

在许家沟小学时,他担任班主任,同时担任数学之外所有课的任课教师,还跨年级教英语课。白天的大块儿时间几乎全部用在上课上,晚上,改完作业,备完课,他并不停歇,继续读书、写教学反思直到深夜。

他坚持读书写作,除了不断地自我提升,还以这样的姿态影响学生,在学生的心田种下读书、成长的种子。有了一点小名气后,也经常有学校邀请他去给老师们做讲座,他就结合自己的经历,分享成长的经验和感悟,而讲得最多的就是,在当下的教育环境当中教师要提升教学自信,工作当中体现出专业性。

教学自信、专业性,源自对学科知识、教育学知识的大量掌握,娴熟运用,源于对学生成长的深刻理解和扎实实践反思,建立自己的教育教学信念。

这些年,闫付庆一直专注于农村学校班主任工作的实践和研究。基于实践,他总结提炼出"教育即陪伴,看见即疗愈"的理念,形成自己的一套农村班主任工作策略。他顺应信息化发展潮流,开通了自己的微信公众号"教育即陪伴",传播自己的班级管理实践和思考。

闫付庆说:"学生不是待加工的璞玉,老师也不是无所不能的匠师。尤其是学生的灵魂不能雕刻和塑造,教育只是一种影响,影响在陪伴中发生。"他观察总结乡村学校的学生有"三多三少"：留守儿童多，情感关注少；上课时间多，业余生活少；教辅读物多，课外阅读少。所以，闫付庆尽己所能，以高质量的陪伴去弥补这块儿缺失。

成长中的孩子，困惑、烦恼本来就多，而长期得不到父母呵护、情感滋润的孩子则更多，很容易出现心理问题。为此，闫付庆钻研心理学，还考取了国家二级心理咨询师，以便更准确地了解学生。

在他看来，了解和理解学生是"第一智慧"，教育教学要从这里开始。

学生犯错了，比如拿了人家的东西、与人发生冲突等，闫付庆不以大人的眼光看成道德品质问题，轻易地给孩子贴上某种"标签"，而总要心平气和地与学生交谈，引导学生把心里想的说出来。

闫付庆吃惊地发现，学生出现这样那样的错误，原因并不是大人认为的那样，有时学生的想法幼稚简单得可笑；因为儿童认知有限，他们有不同于大人的思维系统，有自己观察世界、想象事物的方法。

在许家沟小学教学时，星期天时常有几个学生翻墙头进入学校，学校领导要严肃处理，但闫付庆找到校长，说与学生交谈过了，他们只是出于好奇，想知道校园里没有人的时候是什么样子，再就是想到学校玩，这里没有车来车往，很安全。

他向校长建议，节假日校园向学生开放。开始校长不同意，因为没有先例，再者担心安全问题。后来，经不住闫付庆再三请求，就在他的班里搞试点。闫付庆向学生交代了各种注意事项，周五放学时就把学校大门的钥匙交给最有号召力的学生保管。

闫付庆心里也并不放心，周六就借口说忘了带一件东西跑到学校查看，看到学生在校园里玩得非常开心，比平常还要文明。

他坚定地认为，学生的生活里不能只有学习，一定要让学生有机会去思考和体悟生活的意义、追求和责任。他特别担忧不把学生真正当"人"的所谓"负责任的教育"。因此，尽管五音不全，闫付庆坚持上音乐课，用录音机给学生带来歌声；尽管没有什么运动才能，也无论学习成绩的压力多大，坚持每天给学生足够的运动时间，"让学生把野劲儿释放出来"。他还变着花样领着学生玩，踢沙包、跳绳、转呼啦圈、"贴锅饼"、同步走、"编织爱心链"等，每一种活动都会让学生兴奋一阵子。

学生对于座位有意见，闫付庆就先听取学生的想法，让每一个学生拿出一个方案，然后在班上"全民公决"，看谁的方案认可度高，就采用谁的。与此同时，他又开展"找优点"活动，让每一个学生至少找出同学的一个优点，然后把每一个学生身上的闪光点公布出来。这样一来，学生对于座位基本上都能接受了，对同桌也不再苛刻了。

在北庄小学任教时，除了上好各门国家课程，闫付庆尝试开发班级课程，让教育与生活有更紧密的联系，让学习变得更有意思、更有价值。他把目光瞄向了传统节日，适当考虑时间间隔，选取文化味最浓、影响力最深远的春节、元宵、清明、端午、七夕和中秋、重阳、冬至、腊八、祭灶等十个节日，上半年5个，下半年5个，进行班本课程开发。

课程以"学习传统文化，体验节日活动，锻炼提升能力"为思路，他编写出适合学生阅读的以传统节日文化、乡风民俗为主要内容的班本教材；每月开展一个节日的主题教育，每周安排一节节日主题课，综合实践活动以品民俗、学民艺、尝美食为主要内容。

这些学习和实践是课内课外相结合，老师讲解和学生自己学习与研究相结合，动脑和动手相结合，学生很喜欢，还丰富了文化知识，学会了不少生活技能，懂得礼数了，举止文明了，家长也很高兴。

在每一个节日前夕，闫付庆会领着学生围绕节日主题布置教室，如张贴与节日有关的传说、人物、活动和用品、食品的图画或图案，设计节日板报，等等，烘托节日气氛，首先让学生对节日尽情展望，充满无限的憧憬和遐想。

根据学生的年龄，同样主题的节日文化课程在实施中各有侧重，体现出层次性和系统性。几年下来，这些农村孩子从农历节日到农谚，从时令和节气到农业生产规律，都涉猎了。

上节日课，无意之中还对传承民间文化艺术做出贡献，剪纸，面塑，折花，吹糖人……乡里有很多心灵手巧的老艺人，正在苦恼自己的手艺后继无人，而孩子们"爷爷长、奶奶短"地围在老艺人身边，学习他们的手艺，让他们找到了自己的价值，焕发出生命活力。

另外，每年闫付庆还会给学生布置了解家乡风土人情的作业，指导学生游览家乡的名胜古迹，了解历史典故、文化名人、地理风貌、物产资源，包括庄稼和动植物品种、村庄现任两委班子成员信息等。他认为，爱国爱家乡的教育是有基础和前提的，空泛的说教没有意义。

《大学》讲，"知止而后有定，定而后能静，静而后能安，安而后能虑，虑而后能得"。闫付庆是"知止而后有定"的老师，"静"下来之后生发出了很多教育智慧。无论是为学生写"小传"，还是自己想办法筹建班级图书角；无论是办班级的"颁奖典礼"，还是早于"双减"政策之前自己就为学生设计个性化、多样化作业……都体现着他想给学生更优的教育陪伴的努力。

如果你苦于自己没有教育智慧，不知道如何管理精力，我觉得闫付庆老师的案例可以带来一点启示：定下来，静下来，去思考怎么更好地指导、帮助学生，为一个个具体的学生提供实实在在的成长支持。指导帮助学生是教师的本分，也是教育智慧之源。

法则 9：重建课程
——解读董文华

教书育人是教师的天职，教书育人的工作绝大部分要落实在一个叫"课堂"的地方。换言之，教师的荣辱、尊严，以及成功、幸福与课堂息息相关。研究课堂，提升在课堂上教书育人的技能，教师专业成长就实实在在，而不会虚无缥缈、无从把握。

成长寄语：

专业成长的最高境界是"自得其乐"，用热情和研究让教育生命越走越辽阔。

董文华

微档案

　　董文华：河南省新乡市长垣市外国语学校小学部校长。正高级教师，联合国教科文组织"为中国而教"项目组特邀培训师，"国培计划"授课专家，国家级骨干教师，全国优秀班主任"百名之星"，中原名师，河南省模范教师，河南省教学技能大赛特等奖获得者，河南省五一劳动奖章获得者，首届河南最具影响力教师。河南师范大学"未来名师班"校外导师，新疆生产建设兵团学科基地校建设指导教师。著有《让小学生恋上数学》《滋养生命的数学》，参编《好班是怎样炼成的——小学班主任班级建设之道》《好教师会讲课》等。

探问"课堂是什么"

十几年前,因一位同事岗位调整,我临时负责《课堂》版的编辑工作。为了吸引教师读者关注,增加互动性,我趁机对这个版做了一些"创新",其中一点是在写得有意思的文章后增加了"编辑提问"的内容——结合文章提出一两个"思考题"。

回首往事,我得感谢当时部室主任和总编的支持与包容,这可是之前从未有过的做法。但我当时确实没有考虑是不是"标新立异""出风头",就是想着能带来教师观察课堂视角的些许转换,更多地发现一些课堂现象,多一些思辨,有意识地去探寻现象背后教学的理念与策略问题。

透过《课堂》版的大量稿件我有了一个看法:不少教师对课堂"既熟悉又陌生",表现在关注课堂教学细枝末节的多,有整体与系统思考的少;抒发学科教学感悟和心得的多,对课堂教学的规律、新理念与趋势走向作探讨的少。

我设想着通过一些议题设置让更多的教师抽身课堂,从一定高度全局性地审视熟悉的课堂,看到现象,觉察问题,在思辨和自我反思中转变教学理念,调整教学状态,重建课堂生态。第一个思考题便是:课堂对于学生、教师而言是什么?或者意味着什么?

我觉得从概念出发,思考其义理,能更多更深地认识那些抽象的事物。探问"课堂是什么",是在找寻课堂教学根本性的东西,"君子务本,本立而道生"。对美好的课堂有了思考、定位,才有可能对现在的课堂有所改变与突破。

绝大多数课堂教学稿件在提及一些教学理念时,所用句式是"新课程标准指出……","新课程改革强调……"。老师们或许已习惯"听命"于来自上级"文件""通知"的教学要求,在我看来,这不只是一种懒省事的表达方式，更意味着文章所引用的理念成为一个幌子、标签，很难真正成为自己教学行动的指南。

如果教师不曾用经过自己思考、斟酌过的语言来表达一种教学理念，我怀疑其能否探究到理念的意义，并在教学中有效贯彻运用。逼着自己去探问"课堂是什么"，能激活对种种教学理念的理解力，与自己的课堂实践经验对接，对未来的课堂实践展开全面想象与整体谋划。

在学校里，师生绝大部分时间是在课堂上度过的，课堂首先就意味着是教师、学生的一种生活方式、一种生活状态；课堂上，教师和学生是在共同完成一段生命历程。教师以这样的视角审视课堂时，对待课堂的态度、心态可能就会发生一些变化。

我相信每位教师都不排斥追求幸福快乐的生活，认同这样的认知，那就不能放弃课堂时光，要去研究怎么让课堂充盈幸福快乐的元素。作为课堂生活质量的主导者，教师要努力让学生也形成这样的共识，课堂生活是老师和学生一起的创造，要让重视生命质量、提升生活品质成为课堂的出发点与落脚点，成为一种课堂文化追求。

从生活的视角审视课堂，课堂就是教师和学生的又一个"家"。把课堂当作"家"来建设，教师要引导学生一起让关心、爱护、尊重、鼓励、包容、支持和帮助代替嘲讽、蔑视、冷漠、打击、压制……我相信，教师这样做，一定会遇到方方面面、各种各样的阻力和困难，如教育体制僵化、学生年少无知、家长支持度低……但这些都不是绝境，任何成长之路也从来不会是绕过困难的，必须保持信念，努力践行。

"家"的氛围是课堂"底色"，师生每天相聚于课堂，有更重要的事情要完成，那就是成长。课堂中的成长，主要是精神世界的建立与拓展。如果教师认同这一点，就把课堂变成汇聚人类美好事物的地方，人类文明的灿烂光辉会使学生的双眸更加明澈，激发他们展开对美好未来的无尽想象。

在课堂上，教师有责任让成长中的学生能得到文明的熏陶，使学生有机会读到、听到、见到人类数千年来积淀下来的文明成果精华，感知文明的高峰，体悟文明进步的曲折与艰难，无论是政治文明，还是艺术创造、思想文化、科技发展，都可以"学科渗透""教材发散"。

话语无法抵达的地方，文字可以；文字到不了的地方，音乐可以；音乐也到不了的地方，温暖和关怀可以……引导学生，只要用心，教师一定能找到适合的方法。

这不是让教师成为一个"全才"，全知全能，关键在于有这样的信念与视野，多多"播下种子"，创造机会，激发学生自己去探究美好事物的兴趣，再多给学生自由支配的时间足矣。

课堂是师生共同拥有的时空，教师一言堂与信息时代已格格不入，所以课堂还是议题讨论的空间，是碰撞思想、产生智慧的地方。《课堂》版的一点点变化就引起了很多关注专业成长的教师的注意，"课堂是什么"的思考题引起不小的反响，不到一周时间就收到四五十篇高质量的来稿。在一期版面上我编发了江苏省新沂市阿湖小学吴绍梅老师的《课堂是思想的摇篮》、河南省沁阳市教育局崔沁利老师的《把课堂变成信息交换场》。两位老师的观点有相通之处，我很赞同，就组合在了一起刊发。

吴绍梅老师写道，"思想是教育的灵魂"，"即使学生的见解显得'单薄'，难脱'幼稚'，也要给予积极的肯定和必要的呵护，以保护思想的胚芽"，"思想不会千篇一律，课堂上的'声音'自然也就不该归并一致，而应该呈现出开放性和多元性的特点，以便能够在'个性化解读'中拓展学生的思想宇宙"。崔沁利老师提出，"教学过程中，学生与学生、学生与教师之间都是围绕学习内容进行信息交换……信息的碰撞、融合而生成新的信息。新的信息的获得，就是师生的学习成果"。这些观点揭示了课堂规律、学习本质。

真正的学习始于思考，能自己提出问题，自己寻求解答，形成自己的一个认知；在这个基础、前提之上，再倾听他人的见解，互动之中寻求不同角度的新理解。课堂上，这样的学习活动才是高效的，提升的不仅是认知水平、思维能力，还能使学生真切地体会到思想自由、个性解放的特征，树立开放、互学和包容精神。

十多年过去，如今的课堂又因为信息技术发生不小变化，即使最偏远的乡村学校也都配置了大屏幕一体机，连接了互联网。因此，基于网络环境的"慕课""翻转课堂"成为课堂发展的趋势。2020年新冠肺炎疫情暴发，全国各地中小学都实施了两个月左右的线上课堂，接下来两年疫情又不断反复，线上与线下教学融合的课堂研究成为热点。

但我认为，课堂教学技术手段更新迭代不会改变课堂以学科知识学习为载体的育人本质，信息化教学方式和网络学习资源带来课堂模式变化，有益于一部分学生的充分发展，但线上教学时间增多，两极分化情况可能更加严重。如何激发学生的学习动力，形成自主学习的意识和能力，依然是教师课堂研究的重心。

在新环境下，探问"课堂是什么"仍有意义，渴望成长的教师需要自己定义课堂。我们不必寻求标准答案或最佳答案，只要开始思考、探问，就走上了有效教学之路、高效成长之路。

有效教学的本质是"课程策略"

教师关心课堂教学质量，类似于农夫关心田里的收成，而且更突显出责任心。

多年前，"高效课堂"风潮席卷全国，众多区域和学校主导推动的改革，有多少成分是真想快速地让新的教学理念在课堂落实，又有多少名利驱动，还真难说清楚。不过，"运动式"课堂教学改革所留下的"遗产"，还是值得作一些梳理、盘点的。

客观上,"高效课堂"改革确实冲击了"教师满堂灌"的传统教学模式,推动学生建立新课程所倡导的自主、合作、探究等新的学习方式;种种新教学模式中的一些做法尊重了学习规律,改变了学生的学习状态,有了"舒展人性"的亮点,提高了课堂教学效率。可是,"高效课堂"改革无一例外都没能摆脱"应试化"局限,本质上教学还是以试题、考试为中心,而不是以学生发展为中心。这当然已经不能从教育一个视角来看待这个现象,教育资源配置、经济与就业形势、财富分配方式等社会视角的参与,才能更透彻地发现问题根源。

但是,我还是持这样的观点:教育体制与社会现实有时会给教师带来巨大的压力,可并非没有一丝创造与改善的空间。以教育的方式改变世界,是理想主义者的追求;教育本来就是面向未来,力图创造新世界的事业。民主的政治生态、文明的社会、富有活力的经济、高素质的国民……理想之种子在学生心中播下、思想之幼苗要呵护,都是教师能够有所作为的。

这些是我所理解的"课堂教学质量",教师专业成长进程中需要建立这样的职业理想、教育情怀和使命感。所以,在探讨"课堂教学质量"之时,我更愿意用"有效教学"的概念代替"高效课堂"。有效教学突破具象课堂疆域、超越种种教学模式,聚力于学生作为"人"的成长,帮助其发展"人"的道德、尊严、趣味,尤其是激活"生命本质力量"。

什么是"生命本质力量"?我认为是成长的本能动力,是思考、想象与创造的天赋能力。好的教育旨在发掘每一个学生的"生命本质力量",使得学生自主管理,自我成长,成为他期待的"最好的自己";而异化的教育、坏的教育则会压制和扼杀学生本有的天赋力量。

教育无法不受社会政治、经济、文化等状况的巨大影响,而显现出时代特征或"历史局限性"。在不同的历史时期,教育的两大核心功用——一个是促进和帮助"人"的充分发展,一个是按照社会要求、某种规格"塑造"人才,会表现出不同的"配比"。中国的历史进程到了今天这个时代,两大核心目标越来越趋向内在的协调、统一。

中国发展融入全球化，带来了思想解放，人的个体价值与独特性开始得到承认和尊重，因为我们面对的世界建立在价值多元的基础之上，生活和未来有了更多的可能性，当然也有了更多的不确定性，学生充分的个性化发展，"生命本质力量"越强，越有竞争力。

所以，有效教学的根本目的不是传授一些知识、技能，更不是考高分，而是要将学生身上的创造力量诱导出来，将他们作为"人"的生命高贵之感、价值实现之感唤醒，激活。

教师有效教学，首要一个转变是把头脑中的"教学意识"升级为"课程意识"。怎么理解呢？华东师范大学课程与教学研究所吴刚平教授曾为《教育时报》撰文探讨这个问题，他引用一个真实的案例——20世纪90年代有一项小学生识字教学实验，经过两年学习，小学二年级学生可以掌握2500个汉字，来说明"教学意识"与"课程意识"的差别。

采取一些教学方法，两年时间使得小学生学会2500个汉字，课堂一定相当高效，因为这个识字量已达到甚至超过中国成年人日常生活当中完全无障碍信息交流的需求了。那么，小学生识字教学这样高效，有必要吗？为了高效所采取的教学方法科学吗？会不会伤害小学生的学习兴趣，妨碍其他素养的发展？

吴刚平教授认为，这个实验的主导者和参与者所表现出来的是有着强烈的"教学意识"，而缺乏"课程意识"。我觉得，这个案例是不是假"实验"之名搞"名利"之实不好评论，却对教师提升"课程意识"，实施好"课程策略"，让自己的课堂教学走向有效极有启发。

"课程意识"，即教师自我重建课程的觉悟。这意味着教师要改变课程的机械执行者的角色，善于批判和创造，使得课程实施符合自己和学生的实际情况，适合学生，改善学生的学习感受，成长收获更大。另外，前面讲过，在特定的历史环境当中教育极易被外力挤压而变形，会失去应有的"格局"

与"纯粹"。而有着强烈的课程意识的教师，会运用一些"课程策略"重建课程，使得教学保有教育之精神和意蕴。

"课程策略"是对课程目标、价值的探问、反思与实现。

1. 明确自己的课程目标。每一门国家课程都有课程标准，其核心部分是课程目标，有的也细化到学段。不过，从宏观层面对教师提出的整体性目标，偏向于理念性描述，并不能直接作为实际教学当中的课程目标。那是方向，不是能走的道路。教师最好是从一个阶段学生素养、能力的提升要求，以及心智特征等角度出发，做成"学习清单"形式，既便于落实又利于评价。

比如，小学语文课程的6年时间里，能熟练背诵120首古诗，完成熟练当众脱稿讲说20个诗人的故事或古诗故事，一个故事至少3分钟；读够200本书，其中师生共读的必读书150本、自选50本，做够60次"人物或故事点评""读书对自己的启发"等当众脱稿演讲，每次演讲至少5分钟……

再如，小学数学课程，每个学期学生自己设计若干道练习习题、若干张单元测试试卷，当众讲说若干个数学生活小故事……

其他课程也如是，教师要善于"改造"、研制整体系统的"任务化"课程目标，具体而有趣，有挑战性和选择性，布局于各个学段、学期，从而引领学生的学习，循序渐进，真正提升素养和能力。

2. 对课程的育人价值建立自己的认知，抓核心和根本。课程标准对课程的性质及地位作了阐述，反映了课程对学生发展的意义和价值。也正是宏观概括、全面总结的缘故，课程对学生成长最独特、突出的促进意义反倒被冲淡淹没了。

所以，教师在细致研读课程标准的基础上，需要独立思考，有自己的课程理解，关键是能抓住课程特质，发掘其独有的、其他课程难以替代的育人价值。学生学习语文到底有什么用？为什么中国学生要学好英语？……这些问题值得教师自我追问。

"历史使人明智，诗歌使人灵秀，数学使人周密，自然哲学使人深刻，伦理学使人庄重，逻辑学和修辞学使人善辩。"这是英国哲学家弗兰西斯·培根在谈论读书时提出的观点，对教师思考课程的特点和育人独特价值有启发性——试着用简洁的语言概括自己所教课程能使学生如何吧。

3. 对课程实施形成自己的整体思路和具体方法。课程实施是课程目标、价值在课堂教学中的落实阶段，需要学习目标、课程内容、教学和评价的策略方法的统整运用。

课程标准也有课程实施建议，对教学和评价给予指导意见，洋洋洒洒很全面。不过，大多数意见和建议属于教学理念层面，即对其他课程也适用，教师如果不细心揣摩，删繁就简，把握住课程特点的实施核心，反倒会因为建议太多而迷惑，无所适从。

对课程的特点和独特育人价值的深度探问，能帮助教师形成课程实施的"总方针"，开发出个性化的课程学习资源，探索出灵活多样的策略方法。比如，为什么历史使人明智？

中学历史名师魏勇，基于对课程价值的深度思考和自己的教育信仰，提出发展学生批判性思维的历史课教学整体思路。实践中，他摸索出假设与推理法、分类讨论法、正反对照法、逆向思维法、进入历史情境角色挑战法等教学方法，大大激发了学生学习历史的兴趣，提升了学生的思维认知能力。学生学会基于史实和历史背景，探索历史事件演变的前因后果和推动力量，研究历史人物的思维方式、价值观，等等，从而获得超越时空的"见识"，能联系社会和生活现实，为解决实际问题出谋划策，提出解决方案。

"课程策略"反映着教师的"课程理想"，引领着教师成为"课程化身"和教育思想者。就像一个自由的农夫关心田里的收成，不会只想着产量，而是首先思考种植什么一样，关心学生成长的教师，首先要问自己想培养什么样的人，问自己所教课程到底能给学生成长带来什么、提供哪些支持……最后才问自己——到底自己教得怎么样！教学的有效都在这些问题的探问之中。

什么是"教得精彩"

从偏远乡村小学的普通老师成长为全国知名的小学数学教师，董文华创造了自己生命的奇迹，又为教师专业成长增添了一个生动的励志案例。

1992年，董文华大学毕业后被分配到鹤壁市山城区石林乡中心小学任教，那时学校条件还相当落后——教室的房瓦透光进风，讲台高低不平，黑板斑驳坑洼，更让她难受的是学校还没有什么图书报刊，相当封闭。

有一次乡教办领导到学校听课，发现董文华"普通话标准、流利""教态端庄大方"，便认定她"有发展前途"。没想到"罗森塔尔效应"还真应验了——之后的4年里，董文华连续从乡里、区里的公开课比赛中胜出，又代表山城区参加市里的优质课大赛，而且成绩不错。这在当时可是轰动全乡学校的事，因为在她之前，没有一位老师赛课能入围市级大赛。

不过每到学期考试，董文华就十分担忧：那时候盛行全乡统考，而且学生分数出来之后要"大排队"；全学区七八个分校，她所教的班级成绩位居中游以下，有两次险些排倒数。

董文华暗下决心，一定要教出好成绩！她虚心向老教师请教经验，揣摩教材的易错点、易考点，慢慢地寻到了一些技巧。比如，课堂上小步子教学，力求讲"深"讲"透"，课下让学生围绕易错点、易考点做大量练习。这些方法果然奏效，学生的考试分数一年比一年好。

就这样，董文华工作10年，赢得了省市教育"先进个人"荣誉，还成为首批省骨干教师。2001年，省里组织骨干教师专项培训，董文华又有机会重新走进大学校园。这次脱产学习成为董文华的专业成长启蒙，她视野大开，开始通过写作认真教学反思。结合着培训内容、读书笔记和以前积累的教学案例，学习期间董文华写了不少文章，有数篇还在《小学青年教师》《人民教育》等报刊上发表。

董文华对小学数学教学开始有了新思考，尤其是对分数的态度有了非常大的转变，那就是不能"唯分数"论——追求学生的好成绩名正言顺，但方式不能背离教育规律，伤害学生的身心健康和学习兴趣，要思考除了分数，教学还能带给学生什么。

2002年，鹤壁市整体推进新课程改革，董文华申请从一年级教起，用新课程理念构建全新追求的新课堂。

虽然理念上转变了，但要改变习惯的教学方法并不容易。以前，教学时考虑较多的就是怎么顺利完成任务，让学生掌握该学会的知识点就行了，而新课程设计教学时，董文华首先思考的是怎么把数学课堂变得有趣、不枯燥，适合小学生的天性、特点，吸引学生，不让学生害怕数学、讨厌学习。

怎么做呢？董文华首先想到了两点：第一，多多了解孩子们已经知道了什么、还想知道什么，思考他们在生活中可能遇到什么、熟悉什么；第二，从生活环境当中寻找教学资源。围绕这两点，她在备课时下了不少功夫，很快就让数学课变了模样。

比如，在上《100以内的数》这节课时，董文华没有用教材上100根铅笔的情境，而是领着孩子们到学校南边的山岗上捡石子，把整节课变成了"捡石子""数石子""摆石子""猜石子""说石子"活动。沐浴着初春的暖阳，学生们开开心心地"玩中学"，董文华也感到无比的轻松和快乐。

在教学"统计"这个知识点时，她把学生分成几个组，分别去统计某个班级几个班的人数，然后回到教室里各个组分享各自的统计方法；教学"方向与位置"时，她就设计了一个校园"寻宝"活动；教学"长方体的认识"时，给学生布置"自己做个长方体框架"的动手作业；教"两位数的加减法"时，她发动学生根据班级里男生女生的人数自己提出数学问题，再尝试解决这些问题，学生们有了当小老师的感觉，热情高涨……

就这样，董文华的数学课不再受教材、教参局限，有了自己的独立设计，使学生感受到数学学习与自己的生活有那么多的联系，有意思，好玩，课堂上很少有走神的，不知不觉就把要学的数学知识运用起来，学会了。

随着知识的深化，除了设计游戏和实践活动，董文华又试着把一些文化资源引入课堂，如儿歌童谣、寓言故事，以及有思想启迪的短文、小视频等，激发学生的好奇心、求知欲，让课堂在不断变化、内容新鲜丰富当中保持着吸引力，引导学生动脑思考，拓宽视野和思维。

比如，教"可能性的大小"时，董文华讲了"狄青用计谋在100个铜钱上做文章，增强士兵信心，鼓舞士气，大败敌军"的历史故事，让学生领悟什么是"可能性"及"事在人为"。

这节课的最后，她又通过"黄金救援72小时"扩展课堂教学目标，引导学生用概率的眼光观察大千世界，观察和分析生活现象，而不是以一成不变的思维方式去理解事物。一堂课学生兴趣盎然，精力集中，思维活跃。

讲"异分母分数加减法"时，她在黑板上写下算式"$\frac{1}{6}+\frac{1}{8}=\frac{1}{14}$"，问："你有什么方法证明这个结果是错误的?"学生开动脑筋，各抒己见。

数学学习最重要的一个目标是发展学生的逻辑理性和思维能力，随着年级升高，学生有了数学知识基础，理性思维开始快速发展，董文华就开始把教学重心调整到学生思辨能力的启迪和发展上，引导学生去经历知识建构的过程，感知思考的过程，建立思维方式、思维方法。

这个阶段，董文华在课堂上为学生创造了"纠错小专家""金话筒""小老师"等平台，鼓励学生大胆地说出自己思考问题和解决问题的过程，引导学生使用打比方、举例子、直观演示等方法，清晰地表达自己的观点，学生发展了超越数学知识、更宝贵的思考和解决问题的能力，全面提升素养。

董文华给学生带来不一样的数学课堂，重建了数学课程，这背后是课程和教学观的更新。一般而言，教师在职业生涯的前几年，教学往往会把关注重心放到怎么在有限的时间内完成教学任务、教出好成绩上,以及在教学大赛中展现专业素养、赢得掌声与获奖上,对学生的学习感受和体验考虑得少。在总结原因时,常认为主要是教师缺少实践历练,有教学任务压力导致的。我认为,不排除这个因素,但主要还是课堂上以教师讲解为主、为中心的传统教学观的影响。

新时代的教师构筑新课堂,最需要建立的教学观就是让学生成为有热情的自主学习者,知识的自我探索者、建构者,教师的"教"是为了促进、指导和帮助。

什么是"教得精彩"?董文华用新课堂对这个问题做了新诠释。这也是众多优秀教师的成长经验、成功心得。青年教师从走上讲台的第一天起,就把学生"学得兴趣盎然,乐在其中"作为自己"教得精彩"的追求和思谋起点。学生课堂上的"风光无限"丝毫不会遮盖教师的风采,更会让教师的未来大放异彩。

观照生命,让知识有"人"的"体温"

教学反思使得董文华有了更广阔的教学视野,即不再紧盯课本和解题方法,教学的思考选项中有了教学目标是不是单一狭隘,是不是以学生的身心健康成长、可持续发展为本,教学方法是不是科学,等等。

董文华以"数学也可以迷人,要让学生恋上数学"的理念重新定义数学,致力于学生学习过程的改善,让课堂变得有趣、丰富。只要学生喜欢数学课,愿意学,开心地学,成绩自然不会差。

从2010年起,董文华开始探索实践两个新行动:一个是指导学生写"数学日记",让数学和学生的日常生活,以及其他学科知识等自然地联系起来;

二是每周和学生一起欣赏至少两篇好文章。最初，这是她无意间灵机一动的尝试，却发现学生喜欢，还有意想不到的积极影响，就坚持了下来。董文华说："这是增加了学生看世界的一种方式，看起来与我教的数学没有关系，却把真善美，以及诚实自信、自强坚定等种子种在了孩子们的心田里，引导他们做有责任心的人，学会与同学相处、接纳自我，等等。"

学生学习数学的过程不能被计算、做题"霸占"了，这已不仅是保持学习兴趣、优化教学方法的问题，更有了"生命视角"。学生作为有思想、有尊严、有自由意志的生命个体，不能被视为"工具化""格式化规训"的存在。就是"为他们好"、为他们的成长和未来着想，教师也不能违背学生的意愿，将某些意志强加于他们。童年的生活，更需要丰富性，更需要多一些自由的空间。所以，后来在承担种种培训工作、与青年教师交流时，董文华常常渗透"观照生命"的意识，提醒老师们注意言行细节，避免不经意间侵犯了学生的正当权利，伤害了自尊心，打击了积极性，阻碍了自由思想，等等。

她认为，这种敏感性与教师的观念、视野、追求紧密联系，特别是不能把知识、分数等现在教育评价当中量化的那部分看作教育的全部。因此，她在自己的著作中写道："作为教师，我们要有反思的习惯，常问问自己，你是不是只在教知识？有没有让学生看到更加广阔的世界，对未来有畅想？有没有让学生变得更自信、更善良、更有责任心？有没有把学生的生活、成长与数学知识融会贯通？"

2011年，董文华加入了生命化教育研究团队的课堂与叙事研修，之所以如此选择是她感受到了心灵共振。在这里，她见到了另一种不经过演练却洋溢着生命活力、激荡人心灵的课堂，震撼之余她思考良久："如何再次提升课堂的品质？如何从关注学科到关注生命？如何既立足现实又面向未来？"

理念飞跃促使董文华的教学设计重心从研究学生的"学"，让教学过程有趣丰富，走向更关注学生"人"的状态的改善，以及多种能力实实在在的发展，挖掘数学的育人价值。渐渐地，"滋养生命的数学"的教学主张和实践蓝图在她头脑中开始清晰。

2018年,董文华出版专著《滋养生命的数学》,比较系统地阐述这一理念和实践。在这本专著中,她从"多元丰富,让学生恋上数学""生动有趣,让数学变得迷人""玩转数学,让课堂更具智慧""创生课程,让素养浸润心灵"四个角度构筑起自己的小学数学教育大厦。

小学数学课程能够给学生的生命成长什么滋养?又如何去实现滋养?

董文华提出,是"有理有据的决策力""清晰简洁的表达力""求真务实的质疑力""自我监控的反思力"——数学因为逻辑和严密而在育人中具有独特的优势,应该充分发挥出来。

为了这个目标,董文华有意识地鼓励学生在课堂上敢提问、敢追问、敢质疑,而回答问题、阐述自己的观点时,指导学生用准确的数据和清楚的事实来证明,培养学生思维缜密、表达准确严谨的发言习惯。她还专门拿出时间,指导学生学写自我总结、自我评价,发现和学习别人的长处,从而在审视自我的学习过程和结果、与同学的对比中获得自我反思、自我提升的能力。

让自己的数学教学从追求"教学之术"走向"成人之美","点化和润泽生命",使得小学生既保持着应有的天真、好奇、活泼、探索的生命状态,又社会化发展,为未来奠基。30年来对小学数学课堂的钻研、创新和实践,董文华实际上改变的不只是课堂的形态,更确切地说,她重建了课程,完成了小学数学国家课程的"个人化",做出了自己的特点。

董文华何以成功?我认为有两个关键。一个是课程意识的觉醒,她对自己的教育价值观和学科教学价值有追问有深思,明晰之后有笃行。一个是生命成长意识的觉醒,对帮助学生成长、呵护生命的尊严与权利有强烈的使命感。

但如果继续深度追问,就可能发现课程意识的源头是对生命成长的深刻认知和勇敢成全。我想,一个教师拥有了"生命视角",教学中懂得"观照生命",知识也将会有"人"的"体温",那么学生是不是更乐于亲近知识?

法则 10：超越分数
——解读宋君

做有教育智慧的教师——高效地工作，更好地促进学生成长，收获满满的成就感和幸福感，是每一位教师发自心底的追求。"智慧"是个美好的概念，因此在教育教学当中，甚至在所有事关"人生导航"的领域都是个高频词。那么，到底何谓智慧？智慧能导引出教师的哪些行动？

成长寄语：

在读书、写作、研究中提升教育智慧。

宋君

微档案

宋君：河南省郑州市金水区金桥学校副校长。全国教育科研先进个人，全国小学数学奥林匹克优秀指导教师，2022"阅读点亮未来"年度点灯人，第七届当当影响力作家"人气名师"，河南省学术技术带头人，中原教育教学领军人才，中原名师，河南省教师教育专家，第二届河南最具影响力教师。在各类教育教学报刊发表文章600多篇，在省内外作专题讲座500多场。著有《新课程小学数学教学实践研究》《数学阅读的教与学》《读懂学生》《魔力数学》《教学主张：教师专业发展的新向度》等。

有效教学的第一智慧

日常生活当中,我们常常会使用一些词语、概念来表达自己的理念、期望等。可能因为太熟悉了、使用多了,倒忘记、忽略了去推敲或探究它的确切含义。结果是,口头上已"滥用",行动上却与其内涵若即若离甚至越来越远。智慧就是这样。

对于智慧的概念,各行各业的翘楚,如中外哲人、大儒大商、教育专家等都作过阐述。我做了一番探究,发现各式各样的表达无外乎指向"敏锐广博的认知,透视规律本质的见识,出于良知道义和责任的决断"。智慧是关乎价值和心灵的理智。

教师提升教育智慧,智慧地教学——你不能不去更新知识,完善知识结构;不能不去参悟教育教学的规律和本质,不能不去追问反思自己的价值追求;不能不去关注学生及自己心灵的呵护与丰美……

在探究和思索中我读到一篇佚名文章,谈聪明和智慧的差别:聪明是一种生存的本领,智慧则是一种生活的境界,现实中,聪明的人不吃亏,而智者能吃亏;聪明多是天生,得益于遗传,智慧更多靠修炼;聪明能获得更多知识,而智慧让人更有文化,反过来,一个人知识越多越聪明,而文化越多越智慧;聪明人善于出手,而智者懂得放手……

这样的对比抓住了智慧的一些特点,让我们更真切地体悟何谓智慧。还有一位"高人"说,智慧是叠加了时间考量的聪明。

智慧,或者眼光,引导我们去坚定地做正确的事,同时放弃一些东西、拒绝一些事情,或者说有所为有所不为,而那衡量的标尺就是我们所信仰的价值。

课堂教学是教师的核心工作，那么对于教学，教师需要什么智慧、眼光？对这个问题进行思考，是为教学确定方向，更是对专业成长的一次有力助推。教师专业成长不是读书很多，能说会讲，能写出不少文章，一个关键衡量项就是教学能不能有效。换言之，教师是在追求有效教学中成长，有效教学实现教师高效成长。

对于教学，教师有没有智慧、眼光，体现在对待分数的态度上。有"超越分数"的"认知""见识"与"决断"，是有效教学的"第一智慧"。我觉得，可以从三个层面来认识这一智慧。

第一是志向。在北京市第四中学担任多年校长的教育专家刘长铭评论说，这些年教育的某些方面反而在退化，我观察到教师手拿习题集讲课的现象越来越多，这样的教育几乎退化成了一种训练，而且是低层次的、低效的训练。

教师的工作压力很大一方面就来自教学业绩评价，自己的奖金收入、"民间脸面"、官方荣誉与其紧密挂钩。虽然教育评价改革持续在推动，以多元评价、过程性评价等代替单一的考试分数评价，但其"硬指标"地位一直难以撼动。

即使是在小学，教师也有分数压力。小升初是不考试了，但或明或暗，对学校、教师有另一套考核指标，比如进入优质初中学生的数量、比例等。

这样的大背景下，教师教学若敢于"超越分数"，拿出时间让学生做些与考试、与提高成绩没有直接关系的事情，是需要胆魄和境界的。"超越分数"对于教师而言，颇有点"鸿鹄之志"的意味——能有这样的认知、想法，就在成长之路上领先于绝大多数人。

学生每天走进学校、坐在课堂上，如果只是为了考试时取得自己满意的分数，那教育，包括教师自己的价值也太低了。教学之"有效"，在于促进学生作为"人"的整体性成长，不仅仅是认知水平和能力，还包括道德、心理、习惯等多个维度素养的发展。努力让自己的教学"超越分数"，指导学生在多个方面同时变得更好、更优秀，是让教育回归本质的行动。

不管做什么职业，包括走上讲台做教师，有志向，懂得研究这个行业有影响力的人物，看人家能做到什么高度、层级，效仿之、超越之，是一种发展智慧。

第二是战略。做事攻坚克难就好比与障碍困难的战争，能否取得胜利，取决于有无战略思维。战略思维即有全局性、方向性和发展性的视角与思维。"超越分数"理念是教学的一种战略思维。"超越分数"不是"放弃分数"，而是"不直奔分数、紧盯分数"的教学策略。

从应试、提高考试分数的角度看，没有比老师讲、学生规规矩矩听，加大习题训练量与增加训练时间更有效率的方法。但教育的志向会让教师自觉屏蔽这种做法，智慧地教学——

从"分数"研究入手，弄清楚深刻影响"分数"的各种因素有哪些，其中哪些是关键因素；然后坚持不懈地去做消除不利因素、创造有利的主客观条件的事情；最终目标是以"压倒性"的绝对实力战胜困难、移走障碍。

教学过程不以"分数"为目标，以"克服困难，搬走障碍"为目标，教师收获的将是战胜各种教学难题的能力和自信心，带给学生多方面素养的整体性提高，而"理想的分数"是教师和学生共同成长的副产品。

教师是普通人，却肩负神圣使命；教师做着影响未来的事情，却不能不考虑自己家的柴米油盐。考试分数这道关教师和学生都得过，但教师能够决定怎么过。有"超越分数"的志向，就会有"超越分数"的战略。

第三是方法。著名的经史学家蒙文通先生在四川大学任教时留下不少趣闻轶事。比如考试就与众不同：不是他出题考学生，而是让学生出题，蒙先生根据问题质量判断学生的学问长进。每次考试时考场设在学校旁边望江楼公园竹丛中的茶铺里，学生按照事先分组一边品茗，一边出题，然后听蒙先生答问点评……当然茶资由蒙先生掏腰包。

几年前我到安阳市洹北中学采访，惊喜地发现高三（2）班班主任、数学教师赵帅菲也在这样做。实话实说，洹北中学原先是一所薄弱高中，不仅硬件设施一般，绝大部分学生起点不高。看到学生一时缺乏学习兴趣和动力，状态低迷，赵帅菲没有抱怨埋怨，而是积极反思、改变教学方式。课堂上，她把讲台"让"出来，创造机会让学生成为主角，轮流做主讲，单元测验、月考时，她把命题权交给学生……这样一改变，学生有兴趣了，活跃了，自信心越来越足，成绩也跟着噌噌地往上提。

让学生出题，让学生做课堂主讲，无形之中就引导着学生进入"深度学习"状态，发展了思维能力，发展了演讲表达能力，这是"超越分数"的教学方法。

学生的学业发展水平，主要取决于思维能力、心理素质、意志品质，更需要目标引领的内生动力。这些何尝不是将来进入职场，甚至影响一生的重要素养？也都需要在知识学习甚至应对考试当中得到锻炼发展。"超越分数"的教学方法，就致力于此。

发展学生稳定情绪、调节心理心态的能力；锤炼学生的意志力，引导其学会自我管理，自我设定目标和实现目标——这些教育引导、实践锻炼如何贯穿于教学之中、融合于知识学习之中？教师结合课程特点，深入持续思考，不断地实践和调整，都能够找到方法。

超越分数，不让自己被分数绑架，不以分数绑架学生，不把自己的教学降格为低层次的"刷题，刷试卷训练"，教学将更有价值，教师也将成为有教育智慧的人。

站在讲台上，你就是"第二本教科书"

2022年春节前，因书结缘、以文会友，我和辽宁省辽阳市第一高级中学的吴俊伟老师成为微信好友。随着信息交流，以及看吴老师的微信朋友圈动态，我发现他非常了不起。

吴俊伟是辽宁省的体育教学名师、特级教师，辽宁省作家协会会员，出版过多本专著，获得过第三届"明远教育奖"、《中国教育报》推动读书十大人物提名奖"、第二届"李吉林卓越教师支持计划"奖，还获得"全国十佳教师作家""2017年全国'最美家庭'"等诸多荣誉。

更让我赞佩的是，吴老师作为体育教师把体育融入生活的态度和境界。尽管已经57岁了，但由于有着长期锻炼的习惯，他的身心状态如27岁，每天像太阳一样把温暖和能量播撒出去。

举几个例子：根据《国家学生体质健康标准》，高一男生引体向上项目完成8个为及格、12个以上为良好、18个以上为优秀。2018年9月6日，吴俊伟给学生上第一节室外体育课时，对学生进行引体向上能力摸查，结果无一学生及格。

为了激励学生锻炼，吴老师对学生讲："我54岁了，和你们一起锻炼一个学期，争取引体向上拿优秀，你们小年轻也一定可以。"那时候绝大多数学生觉得吴老师就是说说而已，根本没有当回事。冬去春来，第二学期开学，吴老师在第一节体育课上兑现了诺言，用标准动作分别为两个班的学生做了引体向上展示，一次做了21个，一次做了20个，学生都震撼了。

2022年春节寒假，学校为学生布置了体育锻炼作业：每天10分钟跳绳600个以上，20分钟内跑完2000米。吴老师除了每天带头锻炼，每周完成一次10公里长跑，还把照片、短视频等发布到微信群、朋友圈里……

2022年新学期开学，吴老师和体育组的年轻教师策划了"开学第一课"，主题是"终身学习与终身锻炼皆不可辜负，人生的价值在于奋斗"。这节课上，吴老师就是和学生聊自己的经历和所感所悟，不仅激励鼓舞了学生，还打动了许多教师。课后，很多学生写了感受，一位年轻教师、班主任也留言道：吴老师的开学第一课，也让我的内心受到极大触动，从一个个故事中我看到了坚持、刻苦、顽强、突破，我突然明白，体育不仅锻炼身体，更锻炼心灵和精神……

吴老师的可贵可赞之处我认为是充分展现出体育的价值，他具有体育精神，并把这种精神融入生活当中，给学生和身边人以积极影响，这种影响不仅仅是爱上体育运动，更有追求美好、实现理想的启迪。

从吴老师这个案例我不由联想到流传很久的一句教育名言：站在讲台上，我就是语文。我搜索查证，发现中国人民大学附属中学肖远骑老师、湖北省沙市北京路第一小学袁继庆老师等都这样讲过，还发表过文章；小学语文名师窦桂梅也在一次评课中讲到这个观点："教师就是第二本语文书，从某种意义上说，站在讲台上，你就是语文。"

类似地，小学数学名师华应龙早些年在教师培训中常讲一个主题：我就是数学。他还出版了一本教育随笔集，书名即《我就是数学》，后来他又出版了一本专著《我不只是数学》。之后的演讲中，华老师表示，"我就是数学，但我绝不仅仅是数学"。他常幽默地说，这是一个比原先更"狂"的主题。是啊，名师也在成长，华老师比以前"更懂数学"了——好的课堂不只是知识传授，更要以数学"启迪智慧、点化生命"。

几位名师的案例表明，教师这个"人"与课程建设的质量息息相关，"人"可以与课程融为一体，教学技艺炉火纯青、出神入化之境就是"人课合一"。

教师如何修炼自己，追求"人课合一"？我认为，练好备课功夫，提升课堂教学技艺，如迅速提炼教学重点、确定核心目标，提升演讲能力和调控课堂氛围的能力，等等，是必需的，但关键之处不是这些，关键在于教师在课程的内涵和外延方面有丰富的学识积累、实践探索。

中学语文名师黄玉峰也是极佳的案例。黄老师以"中国传统文人的姿态介入语文教学"，他古典诗文积累丰厚，还精于书法、篆刻及文物鉴赏，对苏轼、鲁迅、蔡元培等人及其作品有深入研究。他的语文课以"积累"与"兴趣"为两大核心。

"积累"就是领着学生大量阅读、评析优秀文章，背诵中西方经典；"兴趣"就是把听讲座、泡书馆、看展览、赏文物、编刊物、练书法、学篆刻、看戏剧、演小品作为教学形式。而且他极其推崇"游学"，暑期领着学生游走在诗人、文人及经典作品所讲到的地方。学生到了高三，则集中梳理统编教材，领着学生应对高考。

有人批评黄老师教学如"放羊"，黄老师则回应说："放羊"有何不好？如果是放到水泥地上，那羊只能饿死；但如果领到水草丰茂处，羊自会吃得肥肥的。

黄老师教学确实太过另类，也需要特殊的环境和条件，不是轻易就能模仿成的，不过他的理念和做法对青年教师专业成长有着极大的启迪价值——教学就是利用课程特点去激活学生的学习热情、求知本能，把学生领进"课程宝库之门"。而其前提是要对课程内涵及特点有深刻理解。

就如语文，她是文字、语言、文学、文化支撑起的学科，那么科学高效的学习方法就是：大量阅读，积累精妙的语言；由兴趣开启对文字、文学、文化的深入研究，形成自己的思想、见解，练就一些学科技能，规律、系统性地输出。作为语文教师，学习"中国传统文人的雅致活法"，让课程实践融入生活，不仅丰富精神世界，增添人生乐趣，更是在身体力行——要么先行探索课程宝库的入门路径，要么做课程学习和成长的示范者。

文史哲不分家，这是中国学术的经验，也是非常好的文化传统，但教育体制一度打破了这样的传承。所以教人文课程，所谓"文科"的教师，要有意识地补短板，让自己的"学识渊博，视野开阔"有更明确的方向，生活当中的课程实践也有更精准的着力点。教历史，还得通政治和经济学。同理，教"理科"的教师，对科学史及科学前沿知识多有涉猎，生活当中运用课程知识技能，多些"理性思维""科学精神"的言行展示给学生，离"人课合一"就更近了。

教学研究无非两大核心——"怎么教"和"教什么"。"怎么教"影响学生审视问题的角度、思考问题的方式。比如，学生批判性思维、问题探究能力的发展，在对话式教学、探究式学习中就更有益，灌输式教学效果会差很多。而且"怎么教"也要结合课程特点。"教什么"则直接关涉将学生引向何方，是"水泥地"还是"水草丰美的地方"——教师要知道课程宝库在哪里。两个方面都与教师的学养有着密切关系。

教师不懈追求有效教学，最终会发现追来追去，原来是要自己做一个"有效教师"或者学生眼中的"高能教师"——站在讲台上，你就是"第二本教科书"、活的教科书，从学科发散开，"懂得多""会得多"。

信息时代，教师想保持住教育影响力，就要比学生有更强大的学习力，以及保持在课程领域的专业认知高度和广度。当然，教师不可能做到"无所不知""无所不能"，但实际上，学生赞佩老师的除了学识，更认可好学、谦逊的学习品质。

读懂学生，教育智慧就有了

做有教育智慧的老师，智慧地教学，培育智慧的学生——中原名师，郑州市金水区金桥小学教师、副校长宋君的教育追求的核心词可以锚定在"智慧"上。那么，教育智慧从哪里来？宋君以自己的教育教学实践给出了解答。

1995年宋君登上讲台之初，前辈们就教诲他，当个好老师，对所教的知识得掌握透，课首先得讲好。听从建议，宋君静下心来把12册小学数学教材通览一遍，自己理出各个知识点之间的联系，做到教学内容熟透于心，对各个年级和学期的教学目标有了整体把握。每一堂课充分准备，认真研读教科书和教参，一番批、圈、删、添之后写教案、改教案，还学习名家的课堂教学方法，真正做到深度备课。

每天上完课，宋君还要在教案后面记下自己的所得所失、所感所悟，一学期下来，就积攒下厚厚的七八本教案集。很快，认真踏实的宋君被金水区教育局教研室发现了，他的教案在全区小学传阅，这给了宋君很大的动力，推动着他形成了写教学反思的习惯。

2002年，宋君调入金水区实验小学并担任教导处主任。此时，正是新课程改革的推动初期，金水区是国家级首批课改实验区，宋君有机会听到很多教育专家的讲座。改变教学和学习方式，改变主要以学习成绩评价学生的方式，鼓励教师创造性地使用教材，参与开发校本课程……新课程理念让宋君振奋，深深体会到师生个人的个性和价值正在得到认可与尊重。当时课改是逐步推进的，但即使在"非课改班级"，即用老教材的班级上课，宋君也贯彻新理念，专业成长进入新的层次。

随着实践经验的积累和教学反思的深入，宋君对课堂教学有了自己的见解："教师的教"和"学生的学"的关系调整是关键，"好的课堂，上着上着老师不见了"，而"不好的课堂，上着上着学生不见了"。

他提出，课堂教学要让学生经历思维的挑战、智慧的启迪、收获的喜悦，增添继续努力的动力。怎么做呢？宋君渐渐形成自己的主张：读懂学生，开展数学阅读，从而实现富有智慧的数学课。

数学学习对思维水平要求比较高，同时也在改变学生的思维，使之更加严谨、条理和精确，正因为如此，学生普遍觉得数学很难、枯燥，有畏惧心理。所以，教学首先要想办法改变学生学习数学的过程和体验，这就需要教育智慧。宋君认为，这一智慧来自读懂学生。

多年前，读苏霍姆林斯基的著作，宋君就树立了走进学生心灵的理念，后来有机会近距离跟着小学数学名师吴正宪、华应龙、贲友林等学习，更增强了学生立场意识。

特别是 2019 年暑期，宋君受邀担任河南教师成长学院华应龙班的班长，就提前把华老师出的书都读了一遍，华老师对"学生错误"的关注，如容错、化错等一系列研究让他如醍醐灌顶，坚定了他把读懂学生研究做下去的信心。

2017 年，宋君中原名师工作室在河南省名师、骨干教师培育中开始聚焦读懂学生的课题研究。读懂学生作为一种理念，大多数教师都理解和认同，但在教学实践当中的落实情况不乐观。宋君团队对近 500 名小学数学教师的问卷调查表明，10% 的教师不知道如何读懂学生，也不关注；90% 的教师对从哪些方面读懂学生存在困惑。

开始做这个课题研究之后，濮阳经济技术开发区实验学校的史海兰老师联想到了平常教学中观察到的怪现象：老师教学热情挺高，教案写得详细工整，教具学具也准备得齐全，但课堂上学生"不领情"，对老师的循循善诱无动于衷，课堂气氛沉闷，教学效果一般。史老师认为，这种情况就表明教师在备课时并没有真正读懂学生。

郑州市郑东新区春华小学的黄春丽老师也认为，读懂学生的研究课题抓住了教学关键：在办公室里老师们常抱怨，"不知道给学生讲多少遍了，可一做题学生还是一而再、再而三地出这样那样的错"，其实主要原因在于老师不清楚学生到底需求什么、是怎么想的。总之学生一出错，教师就说"学生不认真，没有好好听"。

在宋君细致的指导之下，老师们围绕读懂学生开始了行动研究，从"读懂学生的认知基础""读懂学生的思维""读懂学生的眼神""读懂学生的错误""读懂学生的疑惑、精彩、情感"等角度进行深入探究。通过学习与实践，他们总结出了读懂学生的一些有效方法，如问卷调查、学生访谈、预习分析、作品分析、课堂沟通与检测、课后反思与分析等。

一年时间，老师们完成了各自角度的研究，作了专题报告、发表了论文、课题获得立项……拿到实实在在的成果，更让大家欣喜的收获是都感到教学上升了一个层次，不再是凭经验和感觉教学了，课堂因"科学含量"提升而发生质的变化。

平顶山市新华区新程街小学的彭现花老师开始重视分析学生作业和练习中的错误，找到真正原因，指导自己的教学改进。课堂上，她鼓励学生大胆发言、把话说完，从而真正去弄清楚学生的思维过程、理解问题的方式和想法等。有了这些变化之后，学生的学习热情高涨，积极发言的多了，作业出错的少了，成绩一天天在进步。

黄春丽通过课题研究读懂了学生的需求和心理，也重新发现了自己。她运用多种方法更加细致地了解学生的知识掌握情况，给学生更充分的表达空间，然后及时调整教学方向和方法。一段时间后，她感觉到了学生对她的喜欢、对学习的热情，有了浓浓的成就感和幸福感。

郑州市通泰路小学的郑冬芳老师与同事一起做"基于课堂前测读懂小学生学习起点"的课题。随着研究的展开和深入，课堂教学目标变成了更具体、可操作性强的学习目标，教师预设的问题都是指向性明确的关键问题，准备的讲解内容和评价指导语言更加丰富。教学时，学生会的、理解的、有经验的，教师再也不会讲个没完，学生普遍迷惑、真正感觉有难度的地方才重点讲。学生的思考明显深了，课堂气氛更加活跃，因为学生感受到了求知的快乐，从学习当中获得了成就感。

教学研讨时，老师们诸如"怎么教学生都学不会""这么简单，学生还不明白"的抱怨声再也没有了，讨论内容开始是"学生这样说是什么意思""他这样做说明了什么"……

2019年10月，宋君工作室团队的这个课题研究成果之一——专著《读懂学生》由大象出版社出版。

教育教学只有在全面了解学生的基础上才能顺利进行下去，否则就会遭遇意想不到的难题、困难，障碍重重，也就难以达到预想效果。这是教育常识。宋君工作室团队所做的读懂学生的课题让我们发现，这个教育常识性问题在实践层面并未得到很好的解决。为什么会出现这种情况，确实值得反思。正如那句流传很广的疑问：为何我们懂得那么多道理却依然过不好一生？这正是实践与理念的距离、行动与理想的落差。

读懂学生是很浅显的理念，却也是很实用的教学理念。正如大道至简，认为太简单的就无大用，反而忽视了，没重视、不当真、敷衍了，最后做不到。

读懂学生同样反映出教学"超越分数"的战略思维，不直奔分数，从方方面面了解学生入手，进而探索出很多具体有效的方法，使得教学更适合学生，达到"不愤不启，不悱不发"的境界，更好地促进学生发展。

宋君的一段话值得探寻教育智慧的教师细细品味和勤于实践：教育的全部智慧就在了解、发现和引导学生当中。比如学生的眼神，是喜悦的、渴望的，还是迷茫的、胆怯的、游移不定的，老师得懂，然后去找相应的引导方法。读懂了学生，我们老师也就打开了智慧之门。

为学生的学习背景知识量扩容

2011年12月，郑州市教育局牵头成立宋君名师工作室，宋君就提出"有自己的观点，上出自己的课"的教师发展目标，引领教师立足课堂，在教学实践中形成自己的观点，发展长处，提炼自己的教学主张，成就更优秀的自己。

2013年，依托工作室，宋君又启动了郑州市网络名师工作室建设，借助信息技术引领更多的青年教师；2016年，他的工作室加盟全国名师工作室；2017年，其中原名师工作室开始承担省级名师和骨干教师的培育工作。

在与老师们交流时，宋君最爱强调的一句话是："教师的成长是没有捷径的，如果真要找一条捷径的话，那就是阅读。"

他是从阅读和写作中"尝到甜头"的老师，自然十分信任阅读的力量。

"无限地相信书籍的教育力量""30 年的经验使我相信，学生的智力发展取决于是否能很好地阅读""学生学习越感到困难，他在脑力劳动中遇到的困难越多，他就越需要阅读"……苏霍姆林斯基关于阅读的经典论述早已成为宋君的教育信念，所以 2007 年当学校开展书香校园建设、推动"学科阅读"时，宋君欢欣鼓舞。

早在 1999 年，宋君就关注到了"数学阅读"，而且在班里开始了零碎的实践。最初，他从报刊、网络上读到一些文章后觉得不错，就在课堂上找时间读给学生，学生也很喜欢；后来，看学生反映不错，他把内容相近的有趣文章组合起来一起读；再后来就是给学生推荐不错的图书，大家共读。

2008 年，学校数学组团队正式开始了数学阅读整体推动的探索，宋君是领军人。不过，有老师认为是瞎折腾，也有老师认为小题大做，"不就是拿几本数学课外书让学生读读嘛，有啥呀"。在一些老师的冷眼旁观中，宋君团队开始了探索。他们坚持认为数学阅读首先能够提升小学生学数学的兴趣，其次对发展学生的数学思维有很大价值。

开展数学阅读，并不是找几本书给学生读那么简单，尽管数学阅读已不是新概念了，但仍是个新课题；因为学界关于数学阅读的研究大多数还停留在概念化描述和理念论述上，并没有很系统的具有可操作性的方法和案例。

没有可循的经验，就自己探索。宋君团队把数学阅读定位于"不是课外进行的阅读，而是阅读数学课本之外的内容，丰富学生的认知与理解，提升学生的思维水平"，在学校支持下，每周专门从数学课时中拿出一节课用于数学阅读。

这样一来，研究团队以课程开发的理念聚焦"选择什么阅读内容、什么书""如何获得学生家长支持""怎么指导学生阅读""以什么方式呈现学生的阅读成果""怎么做评价"等专业问题的实践探索。

最初，他们选择《小学生学习报》《数学大世界》等报刊，以及整本的数学童书，如《马小跳玩数学》、《"拍脑袋"趣味数学》、《贝贝妮齐齐卡的数学之旅》、李毓佩的系列数学童话书等，建立了必读与选读（内容）书目。

课型上开发出了"好书推介课""批注指导课""阅读指导课""数学故事创编指导课""阅读与批注课""故事分享课""交流汇报评价课"等。

为了突破数学阅读资源匮乏的瓶颈，2011年宋君领衔开始编写《魔力数学》校本教材，将数学思考融入有趣的故事、游戏、活动之中，为不同年级配套提供数学阅读读本。

课程化推动数学阅读显现出来巨大的教育力量，最显著的就是学生普遍觉得数学有趣好玩了、不畏惧了，原先不怎么喜欢读书的也成了"小书虫"；由于一直倡导家长和孩子一起读，很多家长也被影响，家庭氛围变得和谐而欢乐。

更让宋君感到自豪的是，通过数学阅读，学生普遍学会了"做数学批注"和"画数学连环画"，敢于上讲台做分享，还因为读写结合，写数学日记、故事，学生自己的"数学书"问世了。据粗略统计，几年来仅宋君辅导学生创作的数学故事、小论文在报刊发表的就有200多篇。

2018年，数学阅读课题获得河南省基础教育教学成果二等奖；2019年7月，《数学阅读的教与学》、《魔力数学》（4册）以"智慧数学"书系之名由大象出版社出版。《数学阅读的教与学》一上市就受到好评，成功入选"《中国教育报》2020年度影响教师的100本书"；而《魔力数学》在2021年被阿联酋哈玛利尔出版传媒集团（Hamaleel Media Foundation）引进出版……数学阅读的影响力尽显。

但在宋君看来，数学阅读的探索和实践还有很多事要做，推广也刚刚开始，他希望更多的小学开始重视数学阅读，因为这是基础性工作，较小的投入却能使小学生拥有"数学的眼光和大脑",受益一生。

越来越多的学校开始重视和支持学生阅读,扩充阅读资源,优化阅读环境,课程化推动成为新趋势。除了数学阅读,语文教学当中的"主题式群文阅读""整本书阅读"等探索也非常活跃,很多很多有教育追求的教师投身其中,学生受益,自己也获得了成长。

课程化推动学生阅读,是"超越分数"的有效教学成功战略。它至少从两个方面帮助学生克服学习困难,提升学业成绩。

第一是兴趣。阅读材料不同于教科书,有新的话语系统,其中有故事、学生熟悉的"人物"、有趣的情境等,适合学生的心理特点。相比教科书的语言,学生更有兴趣读下去,一些学科知识,如原理、思维、方法等,不知不觉就进入头脑当中了。

第二是思维。人的大脑相比电脑硬盘有一个巨大优势——它既接收、筛选处理和储存信息,又自动地建立各种信息之间的联系,产生新的信息,即大脑有思考的本能。学习的本质就是将新接收的信息与大脑原有储存的信息进行匹配、关联,扩充认知,形成新的认知。大脑中储备的知识越多,接收与处理新信息的能力则越快,也即理解和思考能力越强,学习能力越强。阅读活动就是在丰富学习的知识背景,使大脑有更多的知识储备,发展思维能力。

在《给教师的建议》中,苏霍姆林斯基对阅读促进学生学习的阐述可谓比比皆是。比如,在《兴趣的秘密何在》一节中,他写道:"如果一个学生广泛地阅读,那么在课堂上所讲解的任何一个新概念、新现象,就会纳入他从各种书籍里汲取到的知识体系里去……"

阅读不是语文课独享的策略,各个学科都能用好这个教学战略。事实上,文字的发明、书籍的出现才使得人类文明步入高速发展期,借助书本学习也是学校教育的最大优势,所以教师重视阅读,运用好学科阅读策略,为学生学习的背景知识量扩容,是事半功倍、收获多多的教育智慧。

其最大的功绩还在于发展学生自主学习的能力,爱阅读、会阅读的学生,成绩一定不会差,而且还会成为终身学习者。这不正是有效教学的目标吗?

法则11：建构原则
——解读刘娟娟

一定意义上讲，教书上课就是教师安身立命、养家糊口的"手艺"；一直以来很多教师自谦为"教书匠"，甚至捍卫这个称呼，就有这样的认知意味。

说上课、教书是"手艺"，是因为它基于教师的个性、悟性与态度情感，个人化是最大的特征。上课、教书这门"手艺"想入门，教师得锤炼基本功，想做得出色、出神入化，成为"教学艺术"，离不开用心揣摩技巧、细节，融入个人的奇思妙想。时代发展，教育进步，教师的教学基本功早已超越了"三字一画与一话"。

成长寄语：

成长，是最美的生命状态，去发现教学的乐趣，体验教育生活的幸福。

刘娟娟

微档案

刘娟娟：河南省南阳市油田第一小学校长。正高级教师，教育部新时代中小学名师名校长培育对象，中原名师，河南省特级教师，河南教育家书院首批研究员，河南省基础教育教学指导委员会语文学科专家，河南省教师教育专家，河南省师德先进个人，第二届河南最具影响力教师，南阳市理工学院兼职教授。全国教育科学重点课题研讨会展示课一等奖获得者，河南省基础教育教学研究项目优秀成果一等奖获得者。在省内外作专题报告100余场。专著《教你发现语言密码》入选"2018年度家庭教育影响力图书top榜"。

确定自己的课堂教学原则

有效教学的战略、方法，需要教师通过自己的"手艺"贯彻到课堂上，更具体地说，是将适宜的目标、丰富的内容、周密的流程、灵活的调整，以及暖心的语言作用于学生身上，启发和引导学生成长。

多年前，"高效课堂教学模式"风潮骤起且延续数年，似乎一个完美的模式就能够帮助教师解决课堂教学的所有问题。我的一点怀疑是，这种想法不仅没有顾及课程的特点、教师的思想与个性，就连课堂管理问题、学生的差异性都无视了。

上课、教书，说起来是一件事，却需要教师兼顾着同时做好几项工作：完成课堂内容的个人化整理；维持课堂的秩序，调整课堂气氛；做好课堂的时间管理、节奏管理，保证课堂内容有效率地完成输出；对学生学习有效引导、评价与激励。这怎么可能是一种或几种教学模式就能应对得了的？实际上，这几项只是关键、核心工作，支撑它们的还有很多更细致的基础性工作。所以说，上课、教书不是一件容易事，需要教师具备多种素养和能力，有关注全局的系统性思维。

在我看来，上课、教书，是一个课堂建设问题。做好课堂建设，实现有效教学，教师最需要的其实不是"模式"，而是"原则"。

原则，为课堂教学确定下目标、方向，以及总体的规范、要求，基本的策略和方法，扎下稳定的课堂"基本盘"。原则，是课堂教学中不变的、必须坚持做到的准则。原则，也划定了不可逾越的底线、不能做的事情，这之内则是"自由"的，可以自我发挥，可以自我决定。因此，原则，让课堂中的事有了规范、标准，同时也让课堂拥有了活力、活泼的"制度化"保障。

到哪里找课堂教学原则？首先是自己信奉的教育理念，或自己的教育信念；其次是自己的课堂教学目标；再次就是方法论的层面——有效教学的策略、方法。

教师对课堂可能都要经历"恐惧"的阶段。2021年暑期，河南省中小学班主任研究中心邀请华东师范大学教育科学学院的黄向阳教授，给河南省名班主任工作室主持人讲德育。黄教授是知名的德育专家、学者，对上课早已是轻车熟路了。那天课前他早早就赶到了会场，准备好课件之后，离上课还有十分钟。黄教授走进休息室，打开窗户后，坐下来点燃了一根香烟……我在一旁开玩笑说，黄教授您还紧张啊？黄教授说，当然了，我每次上课前都要静一静、想一想，再把思路理一理。那一刻，我想到《教学勇气》中讲到的"恐惧"。

教师对课堂教学的恐惧，大多出于对课堂的"敬畏"，怕自己准备不足、发挥不好，有对课堂不确定性的担忧，害怕课堂失控……"恐惧"是一种自我保护的本能，让我们远离危险，警惕之心促使我们把该做的事情做到位。对课堂有着适度的"恐惧"促进教师自我成长；但是，教师也必须把"恐惧"自我控制、调整到一定的限度，不能超越自己的承受力，否则没有了信心，就真正失去了教学的勇气。

如何把"恐惧"调控住？依靠原则的建立。青年教师往往受困于课堂的秩序、氛围，即所谓学生屡屡违反课堂纪律、学生"不配合"等，导致课堂效果差，不由得生气、沮丧，陷入无尽的挫败感当中。这种状态之下，教师最需要做的就是自我反思——用这种"X光"透视自己当下的教学遵循了哪些并不自知的原则。找到它，修正它，用新原则重构新秩序。

全国知名班主任钟杰老师写过一篇文章，总结自己的"带班'三字经'"经验——进班"三"看：看表情，看桌面，看地面；课堂"三"有：有书，有笔，有本子；课间"三"听：听学生说，听老师说，听领导说；闲时"三"动：动口，动手，动脚；胸怀"三"心：爱心，耐心，佛心。

"带班'三字经'"中就充满着"原则化"的班主任工作智慧。不过,"课堂'三'有"对于课堂建设而言,是远远不够的,教师还需要自己从课堂建设的关键方面细细地分析、琢磨,为建构原则打下认知基础。

比如,关于课堂秩序和氛围,自己理想的目标是什么?希望学生是什么状态?自己的课堂存在哪些问题?遇到了什么困难?

建构原则时,得注意原则不同于细则或纪律要求,它应是高屋建瓴式地统领细则、行为要求的思想行动方向导引,高度凝练,不能是指向细枝末节的烦琐要求。

例如,关于课堂秩序和氛围,教师和学生首先最痛恨的是干扰、破坏行为,那么"不干扰影响其他同学""不破坏课堂的学习氛围"就是要建立的原则。干扰影响其他同学、破坏课堂学习氛围的行为五花八门,像吃发出响声的零食,吃有很大气味的食物;闲聊娱乐明星的花边新闻;偷偷拿出手机玩游戏、听歌;无所事事,无端地戏弄同学,动人家的物品;等等。这些是课堂管理中要注意到的细则。

其次,要有正向的课堂导向原则,就如钟老师提出的"课堂'三'有",引导学生做有益于形成良好课堂秩序、氛围的事情。比如,"学贵有疑,有疑问立即提出来""勇敢表达,提出自己的见解""思想共享,积极参与问题讨论""头脑开放,发现同学思考中的闪光点"等。

建构原则、明确细则,更需要经过正确的程序:

1. 充分讨论,体现师生共同意志。课堂建设并不是教师一个人的事,需要教师和学生共同努力。教师可以在班主任支持下,或者由班主任牵头,在班级内充分研讨课堂原则及管理细则。先收集学生关于课堂建设各个方面的意见、建议;再经过小组讨论,形成小组意见;最后汇总到课代表、班干部,与教师一起进行讨论、研究,形成初稿。初稿再在班级内进行讨论,让每个学生提出意见和建议,再次修改后形成定稿。这样,关于课堂,师生就有了共识。

总之，课堂原则不能是教师自己或班干部、课代表等个别人的意志，一定要经过全班学生的充分讨论，听到每一个学生的意见和建议。

2. 先建原则，再定细则。教师要引导学生思考"原则化生存"的意义和价值，有讲解，也要启发学生自己思考与领悟，提出观点，激发学生的参与热情，增强热心于公共事务的意识。

在收集学生对课堂建设的意见和建议时，提醒学生先提大原则，再细化，建立做事提纲挈领、抓关键寻本质的思维品质。先提出原则，再去思考细则，或者从种种具体的行为中归纳原则——学生自己开始思考，自我分析课堂行为是否恰当，就是在明确是非观念，更新学习态度。

建构原则，确定课堂管理细则，实际上也是培养学生自主学习能力，树立和增强自我管理、自我教育意识的过程。

3. 多方支持，奖罚有据。建构原则，教师需要主动寻求支持，班主任自不必说，特别是学校教学负责人和学生家长，他们都是"利益方"，要赢得他们的理解、指导与支援。他们是贯彻原则的强大后盾。因为原则的本质是一种从管理到引领的策略，需要运用管理的技术手段，比如奖惩。

2021年3月1日，《中小学教育惩戒规则（试行）》开始施行，教师的教学权又多了一个法规保障，课堂原则确定之后，具体的细则就可以参照《中小学教育惩戒规则（试行）》，完善一些奖罚措施。这个过程离不开学校及"家委会"的指导和授权。

桥水基金公司创始人瑞·达利欧在总结自己的生活和事业发展经验时特别强调原则的影响。一开始，他把对原则的所思所悟写成文章放到公司网站论坛上，没料到引发阅读浪潮。受读者的鼓励以及在与读者不断互动中，瑞·达利欧完成了轰动美国金融圈的《原则》一书。对于原则，他说，"我一生中学到的重要的东西，是过一种以原则为基础的生活"，"所有的成功人士都是依据原则来行动的"。

教师与自己的"共同体"一起架构最适宜自己的课堂教学原则，课堂上常念"原则歌",开始"原则化"的"课堂生存",也一定能实现课堂建设的成功、有效教学的成功。原则,将帮助学生形成良好的学习习惯,发展出不凡的品质和素养,更有价值的可能是——影响学生也形成"原则思维",做有原则的人,过一种"以原则为基础的生活"。

破解"活力课堂"的"密码"

与现在很多出色的教师一样,刘娟娟老师也是"中师生"的起点,但后来拿到教育学硕士学位,获得全国优质课大赛的一等奖,成为中原名师……取得一系列耀眼的业绩。

她的成长诀窍我认为与破解保险箱密码锁有一比:弄通原理;耐心地大量尝试、试错,从失败中学习,积累成功经验;找关键点和突破口,精细入微地做事。

破解语文课堂和作文密码,破解学生成长密码,破解教师职业幸福密码。刘娟娟打开成长之门,托举学生,提携年轻教师,自己也成了教育达人。

课堂纪律管不住,课堂气氛沉闷,学生学不会、成绩差……现在的"课堂高手"刘娟娟老师登上讲台之初也曾为课堂效果不佳而焦灼、苦恼。

短暂的沮丧后,她就开始细细反思原因,如哪方面准备不足、哪个环节自己做错了,有针对性地梳理出几条改进思路,在下堂课中实践。此外,积极向学校教学领导、身边的优秀同事请教。就这样,教材该怎么处理,重难点如何把握,教学流程又怎么设计,课堂秩序怎么维护……这些教学难题慢慢地都突破了,掌握了课堂规范,站稳了讲台。刘娟娟把这段日子称作"我为课苦"的练课阶段。

有了练课积累,刘娟娟的课堂教学基本功非常扎实,不管是板书、朗读,还是语言表达和对课堂的把控,在青年教师当中成为佼佼者,很快她在学校的教学比赛中崭露头角。后来,她参加南阳油田教育系统的优质课大赛并获得一等奖的好成绩,还被评为"教坛新秀"。

这之后,她进入了"我为课狂"的赛课阶段,开始新一轮的课堂技艺磨炼。

1998年,刘娟娟参加南阳油田教育系统甲A组也即教坛新秀组优质课大赛,参赛教师都是历年来优质课一等奖获得者。她执教的《富饶的西沙群岛》一课又获得了一等奖的佳绩。

这一成绩让刘娟娟小有名气,增强了教学自信心,她更大的收获是对教学设计、课堂语言、课堂引领力、突发状况的应对策略等方面有了心得。

1999年,刘娟娟在河南省素质教育现场会上讲示范课,执教的《植物妈妈有办法》受到参会老师们的好评;2001年,在南阳油田教育系统的课堂大赛中,刘娟娟执教的《枫桥夜泊》一课再次取得佳绩,因而获得了参加河南省优质课大赛的"入场券"。

2002年是刘娟娟的丰收年:她执教的《画风》获得了河南省优质课一等奖;同年,她的作文教学示范课《把物写活》获全国录像课二等奖,并在中国教育电视山东台播出;在河南省教育学会年会上,她应邀上了示范课……2003年,刘娟娟参加全国"会学—学会"教学思想学术研讨会,她重新设计的《枫桥夜泊》夺得了一等奖……

从在学校里脱颖而出到获得省级课堂教学大奖和展示机会,刘娟娟用了6年时间。这6年间,她确实为课"疯狂"——脑袋里整天想的都是如何创新教学设计,设计完成后就在不同的班级上课,再根据课堂效果作调整;与同事研讨方案,自己再钻研到深夜,不断地优化设计,却狠心地全部推倒重来……这段日子就是这样间歇性地在焦灼思虑、自我振奋、燃起希望、遭遇惊喜中不断接受锤炼淬火而度过的。

对课堂不断研究实践,刘娟娟对课堂、语文的认识也在不断拓展和升华。她认为,"活力"是课堂质量最直观的一个评判标准:老师和学生在课堂上展现出昂扬饱满的情绪，学生不知不觉全身心地投入学习活动，有着想表达、分享的强烈愿望，就如名师孙双金说的"小脸通红，小眼发光，小手直举，小嘴常开"，这样的课堂洋溢着生命活力。

建设"活力课堂"，感知生命成长，刘娟娟"品尝到了上课的甜"，进入"我为课甜"的新阶段。

"活力课堂"的原理很简单，是每位教师都熟识的教学理念：教师主导，学生真正成为学习的主体，自己学起来、练起来。

教师的作用体现在充分把握小学语文课程标准的具体要求，明确小学语文的课程目标，结合学生、学校等实际情况，提出具体的学习任务，做好示范和指导，让学生学习语文、运用语文。这样的教学思路体现出小学语文课程的实践特点——听说读写，在使用语言文字的过程中提升语文素养。

首先，学生在课堂上有扎扎实实的语言文字训练，如富有感情地朗读课文，工整地书写汉字，快速地从文本出发提取信息，学习有规范有条理地表达，等等，使学生锻炼语言工具性的信息交流能力。

其次，小学语文课也是文学、文化和思想的启蒙教育，教师为学生创造机会、平台，引导学生去感知文学、文化的美妙与力量，通过思考、辩论，提升思想力。

比如在上《枫桥夜泊》时，刘娟娟先让学生自己读诗、悟诗，提出问题，然后结合学生的问题简单讲解这首诗，再梳理总结出这样几个问题，引导学生思考、讨论与展示——"这首诗的氛围是什么样的，怎么发现的？""从哪里发现诗人的情感惆怅？""为什么诗人会这样？""你还知道诗人做过什么？""谁还知道有哪些关于愁的诗歌或名句？"

一节课上有学生对诗的自我体悟，有诗句鉴赏的合作探索与交流，有结合自己生活经历体悟愁的思考，有诗词积累展示……学生的学习兴致高涨，一堂课下来，很多学生都能讲解这首诗，对古诗的理解研究也产生兴趣，感悟到古诗词的语言之美。

让课堂充满活力，刘娟娟认为关键是激活学生学习的自主性，教师不能把学生的头脑当作只会接受信息的容器。如何体现学习的自主性？课堂上，读是第一位的，既是练习，也是思考的基础，一定要让学生先自由充分地读；思考就是自己能提出问题、解决问题；再就是表达，讲、写都是必要的。

刘娟娟善于将教学目标转换为学习任务清单，而且引导和激励学生有方法，如运用一些活动策略等，因此学生课堂参与度高，思维活跃，学生展现出来的活力与精彩常常感染听课的老师们。在不断的探索实践中，她形成了教师"质疑漫谈"式教学、学生自主探究式学习的一套方法。

"我为课苦""我为课狂""我为课甜"——刘娟娟老师的"课堂成长"三阶段，从教师修炼角度提供了一个课堂建设案例，给青年教师的专业成长以方向和动力。这三个阶段很简单、很平常，却与中国传统文化中教导人练好功、学好艺的要求是相一致的。

同时，"活力课堂"也为课堂建设提供了课堂视角。一般而言，课堂建设会经历"秩序导向""精彩导向""价值导向"的进化过程。

秩序导向，教师的关注点是自己，追求课堂上学生"一切行动听指挥"，有规矩，守纪律，自己能比较顺利地完成上课任务。

精彩导向，受优质课评价的影响，关注课堂的"观感"，如气氛活跃、学生学习热情高涨，课堂进程行云流水般顺畅，学生发言不管是内容还是仪态出人意料的精彩，等等。教师会把关注点放到教学设计的精巧上，如情境创设、活动组织有新意等，展现自己的基本功等专业素养。

价值导向，关注教学价值，不刻意追求课堂的"热闹""好看"，注重讲解内容、活动组织等对学生学科素养提升的实际意义。如指导学生发言时的自信大方、语言精练、言之有物、思路清晰；问题辩论时，遵循规则和逻辑，提出观点有理有据；等等。教师的教学关注点转移到学生成长，愿意把时间、精力用于真正有益于学生一生的素养发展上，让每一个学生都学有所得，有进步。

刘娟娟创建"活力课堂"就是在努力让课堂更有价值。受她的经验启发，我认为建设高价值的"活力课堂"可以从"趣味""深度""发展"三个方面入手。这三个方面分别对应着两个"有"——趣味：有惊喜，有笑声；深度：有思考，有讨论；发展：有平台，有选择。

趣味是教师首先要考虑的，让课堂在"秩序""常规"之上"有惊喜""有笑声"，激发学生的学习兴趣，调整课堂气氛。至于怎么做到，需要教师发挥聪明才智、兴趣特长，结合课程特点及具体内容大胆实践探索。

深度指课堂思维空间的宽广度、纵深度。在我看来，学习的核心目标是发展理性，提升学生的思维品质、认知能力，"有思考""有讨论"保障课堂围绕有价值的问题、思维的碰撞展开与推进，引领学生求真、求善、求美。

发展学生是教学的终极目的。"有平台"是指为学生创设分享、展示与实践锻炼的机会，使学生脱离学习的被动状态，习惯于主动学习，主动发现，主动思考，真正获得发展；"有选择"是指关注到学生的差异性，学习方式、进步速度上给出一定的自由选择空间，引导学生做学习的主人，使每一个学生都能得到老师的关注与指导，获得发展。

这三个方面、六个"有"，也是我理解的有效教学课堂建设原则，它不受学科局限，每位教师也都能够自我发挥与创造。因为建设自己的"活力课堂"没有标准模式，只要有探寻教学原理、掌握课程本质的志向，懂得课堂的真实意义，致力于让自己和学生都展现出生命成长的蓬勃力量，都能破解课堂密码。

再次回味刘娟娟老师对活力课堂的解读："要明白，课是为学生成长而上的，但同时也要明白，课堂也是老师自己的修炼和提升之处；好的教学是对学生的'亲切款待'，是老师和学生亦教亦学的共舞，是心灵与心灵之间的默契和共振。"

强力关联：突破教学难关的策略

作文是小学语文教学的重点难点，小学生畏惧写作文也是不争的事实。网上流传着一组数据，据说华南师范大学一个项目小组在 2017 年曾对 3280 名中小学生及其家长做了关于写作文的调查，调查显示，91.2% 的学生（及其家长）表示写作文时遇到各种各样的难题；89.3% 的学生直接表示，厌恶、害怕写作文。

我认真做了查证，无法核实调查及数据的真实性，但觉得其反映的情况与很多老师、家长的直观感受大致是一致的。

面对这个难题，刘娟娟没有选择"捷径"、绕着走，而把它作为提升自己语文教学水平的突破口。2016 年 11 月，刘娟娟的《教你发现语言密码——小学生习作提升招招鲜》由大象出版社出版。这本小学语文教师、小学生和学生家长都可以"拿来就用"的 20 多万字专著是刘娟娟十年来在作文课堂上手把手指导学生练习写作的精华内容。书一经出版就备受好评，不仅入选"2018 年度家庭教育影响力图书 top 榜"，获得了河南省教科研成果一等奖，还数次重印，成为小学生作文教学的"常销书"。

实际上，自 20 世纪八九十年代以来关于小学生作文教学的成果积累是非常丰厚的，但是能够把一些成果转变成自己的课堂实践，再结合实际情况有所创新，坚持下去形成自己的新成果的，好像并不多见。

作文教学当中，刘娟娟发现最大的问题是小学生"说与写的脱节"：小学生作文内容主要是记叙和描写，主题又与日常生活有关，学生平常还是有话可说的，可平时讲起话来滔滔不绝的学生，拿起笔来写作文也觉得难。她调查分析认为，主要原因是说与写的思维活动不同，学生没有掌握描写方法，没有养成写作的习惯。

因此，教给学生练习写作的方法，培养写作习惯，激发学生写作兴趣和动力，成为刘娟娟语文教学潜心钻研的重要领域。2003年，她的《激活学生个性创作》获得省一等奖；2004年，《创新作文随笔集——雨点滴滴》获省二等奖；2005年，《积累运用》获省一等奖……这些奖项均为河南省教育厅一年一度的教科研成果评比中取得的。奖项的背后是刘娟娟认认真真的实践探索，在她主持的"创新作文实验"中，所带班级学生创造了两年在报刊发表作文近100篇的纪录。

随着实践研究不断丰富，刘娟娟与学校教师团队构建起了"四线两面"作文教学体系。"四线"指训练学生写作能力的四个方法，即迁移创新线、纪实创新线、想象创新线、探究创新线。"两面"指训练学生写作能力的基础面，即口头表达层面、全营养阅读（群文阅读、绘本阅读）层面。

在小学低段，主要训练学生进行词语积累和运用词语组成句子，并通过绘本阅读、口头表达、想象创新等为写作打牢基础。这个阶段有"三层五说"的训练目标：第一层次是敢说，让学生敢于开口表达；第二层次，是自由地说、评说，能对身边的事物、所闻所见的事情等进行评说；第三层次，会质疑，有批判精神。

进入中高学段，就要在大量阅读的基础上，有计划地引导学生进行"迁移创新""纪实创新""探究创新"的写作练习。

"迁移创新"即结合课本，在对课文文章段落、结构、主题等的分析基础上，进行模仿、迁移式的写作训练，刘娟娟在实践中总结出来仿写、续写、补写、改写、缩写、组写、串联写、评价写、对比写、延展写等10种方法。

比如，对于"总分""并列"结构的段落的写作学习，刘娟娟就引导学生模仿课文（或例子）进行练习。

在"总分"结构段的练习"天气真热呀"例子中，刘娟娟展示"不用'热'"这字来说明天气很热的几个"证据"，如"家家户户的空调都嗡嗡地响个不停""老爷爷老奶奶坐在树荫下摇着扇子聊天""小朋友去游泳池游泳""阿姨戴上太阳镜和遮阳帽"等；然后引导学生分别为"天气好冷啊""小白兔好可爱啊"找"证据"进行描写，还分别给出提示……

这样细致入微的写作指导和练习让学生感到很有趣，突然发现原来写作文"并不是很难"。

刘娟娟总结说，教小学生就需要把生活中的平常小事与教育教学建立起"强有力的关联"，特别是孩子们关心和喜欢的事物。有一次看到女儿玩磁铁兴致勃勃，还好奇地问磁铁能吸住钥匙的原因，刘娟娟很自然地想到策划一节关于"吸引力"的想象迁移写作练习。

"什么对你有吸引力呢？想一想，说一说吧。""树木的'磁铁'是什么？鱼儿的'磁铁'是什么？蜜蜂的呢？……"在她的点拨引导下，学生说出了"高山吸引着树木扎根""大海吸引着鱼儿嬉戏""花朵吸引着蜜蜂舞蹈"……接着，她又引导学生把一句话展开说具体，一节从总写到分写的有趣的作文课诞生了。

"纪实创新"和"探究创新"写作练习则与学生日常学习生活中的实际行动结合，即引导学生真实记录自己的所做所想，养成积极行动、感知内心和及时写作的好习惯。比如，刘娟娟指导学生开展研究性学习时，就把写作练习引入，学生还真像模像样地写出来各种类型的研究论文，并在报刊上发表不少作文。

征服了作文教学这座高峰，就能看到不一般的旖旎风景。刘娟娟带给青年教师专业成长的启示，我认为除了敢攻难题、十年做好一件事的精神，还有"突破教学难关"的策略方法论：教学与研究"强力关联"，教学与生活实践"强力关联"。

1. 教学与研究"强力关联"。教学当中会有很多难关，特别是学科教学当中的重点难点问题，都需要教师亲自去作一番研究才能突破，最终做到出色；否则，就是一锅"夹生饭"，教师自己对方法都昏昏然，不可能让学生攻克难关得到成长。

仍以写作为例。北京林业大学水土保持学院副教授信忠保数次参加硕士研究生的毕业论文评审工作，他感慨现在硕士研究生学位论文的质量急剧下滑，大有"一年不如一年，一代不如一代"之势，他与身边学术好友交流，发现这点感受是有共识的。信忠保评论说，"硕士研究生的写作水平非常低劣""文笔普遍不好，写作规范仍是大问题"……他把这些观察感受写成文章发在自己的博客之后被广泛传播。有兴趣的教师可以自己搜索看一看，一定会有所触动。

这不是小问题，我认为，与小学语文教师没有突破作文教学这个重点难点问题、学生没有打好作文根基有很大关系。

学科教学中的重点难点问题，关注的人多，那么相应的成果积累也往往丰富，在现在的信息生态之下不难获取。因此，对教学重点难点问题的"研究"，首要的就是现有成果在自己的教学中的适配、改造与运用，产生可喜的成效。

"四线两面"作文教学体系的研究充分体现出这一特点。刘娟娟教学生写作文没有使用很特别的资源，全都是每一位语文教师天天接触到的课本、拓展读物。其研究成果的亮点不是提出了什么新理论、新理念，而是在实践层面总结出比较系统的有效做法。

树立教学与研究的"强力关联"意识很关键。当教师感到自己遇到了教学难题，为不佳的结果焦虑时，不要抱怨资源少、学生笨或家长不配合等，运用这个策略就可能柳暗花明又一村。

2. 教学与生活实践"强力关联"。这一点，教育家陶行知先生早就作过系统论述，"生活即教育，社会即学校，教学做合一"就是最精练的概括。

刘娟娟老师教学生练习写作，大量运用了这个策略，如对身边的事物、所闻所见的事情等进行评说，"纪实创新"和"探究创新"写作，等等。

教学与生活实践"强力关联"，有两个层面的含义：一是指从生活实践中，特别是从学生熟悉的、喜欢的事物中找教学资源、寻创新灵感。因为素材鲜活、源于现实的真实等,更契合学生的心理特点,同时知识被赋予生活气息,更益于学生感知到其价值。二是指导学生在生活实践的真实场景中运用所学知识技能,"做中学"的实践体验更利于学生理解掌握知识技能,更真切地把握知识技能的本质。这个策略将知识技能的"意义"与"本质"呈现出来,在教师点拨下,学生对它们认识越深刻,认知水平提升就越快越高。

上课、教书是教师的"手艺",一定会融入教师的个性特点与意趣创造,但这些都需建立在遵从教育规律、学习规律的基础之上,教育之精神、成长之指向、生活之目标是永恒的原则。明确原则,找准策略,用对方法,教学只能在科学的土壤上生长出艺术性。让学生喜欢上课,爱上学习,那么,课堂也就成了教师职业幸福的最大源泉。

法则12：发掘个性
——解读沈丽新

形成自己的教学风格，是很多教师梦寐以求的教育境界，它意味着教学技艺娴熟，进入"化境"——老师"享受"教学，而学生的收获超越知识技能，同样的愉悦和享受感觉之外，还有思想与文化的启迪。如何修炼教学风格？去认真研究自己的个性，发掘个性优势。

成长寄语:

温情是爱,
敬意是礼。
愿你我一起做"眼里有温情,行事存敬意"的教师!

沈丽新

微档案

　　沈丽新:江苏省苏州工业园区东延路实验学校教师,苏州工业园区小学英语学科带头人。联合国教科文组织"为中国而教"首批培训师,苏州市姑苏区作协会员,九江学院基础教育研究所兼职研究员。《中国教师报》《中小学德育》《教师博览》《河南教育》《今日教育》《新班主任》等教育报刊专栏作者、签约作者。著有《给小学英语教师的建议》、《英语可以这样教》、《让学生看见你的爱》(入选中国教育新闻网"2017年全国教师暑期阅读推荐书目")、《让教育真正发生》、《温和坚定做教师》(入选中国教育新闻网2022年度"影响教师的100本书")及译著《学习原来如此有趣》等。

个性怎样才能成为"教学力"

什么是教学风格呢？多年前，在教育网站、论坛还非常活跃时，我与一位教研员朋友就某教育论坛上的几篇语文课堂教学案例发生过一次"争论"，争议的焦点是"教学特色"。

在课例中，几位执教教师分别在"说课"环节描述教学特色："教学时要突出朗读和精彩语句的赏析，指导学生读中悟，悟中读。""本课以诵读为主要特色，在诵读中渗透学法指导。""突出诵读指导、意境品味和想象力培养。"……

对于教师这样描述教学特色，我感到很诧异。在我看来，教学特色与教学风格是一回事，是同一内涵的不同表述；教学特色或教学风格应是用于描述一位教师教学所展现出来的明显区别于其他教师的状态、做法，用在一节课上不大合适；几位老师所讲的"教学特色"只能算是"这节课选择的教学方法，确定的教学目标或方向"。

为什么教师会这样理解？我觉得这很有可能是教研员指导的结果。在课例点评中教研员说特色就是"平常课再加上那么一点亮色"，亮色可以是导入引人入胜，也可以是声情并茂的朗读，还可以是贴近文本的精彩的师生对话，或者是丰富多彩富于激励性的课堂语言，巧妙的提问，余味无穷的留白，师生深深的情感融合，设计合理的醒目的板书，等等。

我不赞同这个观点。在我看来，教学风格不是一节课上"刻意为之"和"设计"出来的"精彩导入""富有感情的朗读"等，这样理解有些狭隘。教师的教学特色（风格）是在教学中自然显现出来的对学生思维、情感发展有极大促进作用的"教学习惯""教学优势"。

是什么在影响教学风格？我以为是个性。教师珍贵的个性让教学显得独特与可贵,当教师的突出个性在教学当中显现出了巨大的影响力,个性成了"教学力",那么教师就有了自己独特的教学风格。

锤炼教学风格,首先需要认识自己的个性,发掘自己的个性优势。个性是一个复杂的系统,是由我们的性格、认知、兴趣、审美、价值观等共同构成的差异于他人的心理品质,个性不经意间体现在生活当中的行为、选择等方方面面。

比如,有的人性子急,快人快语,风风火火;有的人性子慢,沉默寡言,慢条斯理;有的人自信主动;有的人谦和沉稳……当然,大多数人可能在个性表现上并不那么明显突出,属于"中性""综合性",自己和他人都判断不清。不过,经过一些专业的测试,能够发现自己的个性倾向。

更多地了解、认识自己非常重要,这是很高的人生智慧。另外,心理学专家告诉我们,个性,如最重要的性格,并无好坏之分,每一种个性都有有利于个人发展的一面,又有局限的一面。认识自己的个性,把个性优势充分发挥,变成强大的某种能力,就能够助力教学工作。

有两位全国知名的历史教师,他们的教学因为个性不同呈现出迥异的两种风格,可都深受学生喜爱。

一位是袁腾飞。他的课大多是一言堂、脱口秀,可他"北京侃爷"的风趣口才、渊博的历史知识、一语中的的犀利点评,让学生知道更多、思考更多,进而懂得更多,学生听得欲罢不能,开始喜欢历史课,喜欢上历史研究。所以,学生忍不住把他上课的视频传到网络上,一下子袁腾飞成了中国最早的现象级网红。

另一位是魏勇。相比袁腾飞的外向、嘴皮子溜,魏勇自称自己是"闷"的代表,但他思维缜密、讲求严谨,课堂上也绝不做"中心"。他发挥优势,在课堂上屡屡挑起学生的认知冲突,引发学生产生思辨和研究的欲望,自己运转大脑,陈述观点和见解,学生同样喜欢上了历史。

这个对比案例说明,"条条大路通罗马",致力于学生学得愉悦,学有收获,老师尽可以"八仙过海,各显其能"。好课是多元化的,特别是操作模式不会唯一,教师发挥个性与能力,一样都可以达到激发学生兴趣、拓展学生认知、促进学生发展的教学目标。

个性使得我们每个人成为世界上独一无二的独特存在。但是,当我们的"独特"并不能显现出"创造性""吸引力"和"影响力"时,就"形同虚设,有同于无",没有社会性上的实际价值。

认识和珍视自己的个性,而且有意识地从这些"原点"出发,用心锤炼发展个性,让个性成为"教学力",就具有了社会性意义。

教师凝练教学风格,更是认识自己、不断提升个人教学魅力的过程。教师遵从自己的天性和内心,做自己乐意与擅长的事情,个性舒展,也一定是愉悦的、高效的、有成就感的。

多愁善感的,那就细腻地"努力煽情",让情感的波涛在课堂上时时涌动,培植学生心中真善美的种子幼苗。

能说会道的,就钻研说的艺术,让"机智""幽默"在课堂上无处不在,智慧地点燃学生头脑中的火把。

内敛严谨的,就不断抛出"刁钻"的问题,在不停地"追问"中,让学生拥抱逻辑,思维走向深刻。

<u>善歌者,就让课堂有歌声。</u>

<u>善诗者,就让课堂有诗意。</u>

殊途同归,一个个个性十足的教师都是让课堂在有趣、深度的追求中成为一个发展平台,吸引学生,引导学生,为学生的学习成长创造更好的条件,从而发现新我,向成长为最好的自己前行。

能促成成长发生"质变"飞跃的行动,起源于我们重新认识与发现真实的自己,即觉察自己的性格、短板、兴趣、特长,以及内心真实的教育追求。

在全面评估自己的基础上,努力让自己的个性特点、优势服务于教育教学价值的提升,有效教学就与锤炼教学风格融为一体。锤炼教学风格不是为了标新立异，它是教师自己挖掘潜能，充分扬长，心情愉悦地教学、享受教育幸福的一条必经之路。

练绝活儿与树品牌：兴趣最不可辜负

脱口秀笑星"小沈龙"有一个作品——《笑傲江湖》导演不断地问他："你都会啥绝活儿？"一个个回答引人捧腹大笑。作品很夸张，不过让人爆笑之余，这句"你都会啥绝活儿"值得所有"混"在职场的人士认真思考一下。作为教师，这个自我省思的提醒同样适用。

很多老师是有高超、非凡的技艺的。有语文老师能成段成篇地背诵经典古诗文，教学和生活当中自如地、恰到妙处地引用；课堂上，数学老师随手就能画出规整的圆形、等边三角形等；地理老师能精确地画出全球各个洲甚至每个国家的地图；音乐老师能歌善舞，操琴谱曲；美术老师能把各种日常丢掉的瓶瓶罐罐做成极具设计感和艺术感的装饰品……对于这样的老师，学生都非常赞佩与喜爱，视为"神一般的存在"，无形之中就受到积极影响。

教师拥有一手绝活儿，在职场竞争中占据有利位置仅是浅层次的意义，大幅度提升教学魅力，更有效地促进学生成长，师生相长，都收获教育的乐趣、成长的幸福，更值得大书特书。

绝活儿的源头是什么呢？是个性中的兴趣，兴趣中隐藏着潜能和特长，这是你独特的天赋。

为何天下那么多语文教师，可能够出口成章、对对子，又懂书法的却不多见呢？因为大多数语文教师对这些兴趣不大，意识不到教学价值，也可能觉得这些"无甚用处"，所以他们教学不会出现浓郁的"文化"风格。在其他学科教师那里，也是一样的情况。

兴趣之下，还得有责任感，有坚持中的技艺磨炼。

四川省成都市新都第一中学的夏昆是有着"文艺"风格的语文教师。因为他爱好音乐，爱好古诗词，爱读书，爱电影，怀着对教育现实的批判、对理想教育的憧憬，从1998年起，利用早读和自习课时间陆续为学生开设了诗歌鉴赏课、音乐鉴赏课、电影鉴赏课，带给高中生不一样的学习经历，深刻影响了学生的人生发展。

他的这些爱好都发展到了"高级"水平——他是中央电视台第一季《中国诗词大会》上大放异彩的金牌擂主；他对摇滚乐、西方古典音乐都有研究，还擅长吉他；出版电影鉴赏课专著《在光影中遇见七种青春》……福建师范大学中文系教授孙绍振听了夏昆的语文课后评价说，"在全国范围内也是第一流的语文教师"。

实际上，夏昆奠定语文教学根基，是受一位传奇老教师何瑞基先生的点拨，用十年时间细读了《二十四史》。所以夏昆说，读书是教师真正的绝活儿，有这样的绝活儿，才是真正对教育教学、对学生有益的。

小学语文名家于永正老师说自己"对朗读几乎到了迷信的地步"。年轻时，他就特别喜欢葛兰、夏青等中央人民广播电台著名播音员录制的朗读作品，为了提升朗读能力，他大量收听电台里播出的小说、评书，观看电视上的"电视散文"节目，而且跟着模仿，一句一句地学，"模仿到一定程度，他们的语气、语调乃至情感便化为自己的了"。

后来于老师读到了张颂的《朗读学》，有了理论指导，他拿到一篇文章很快便能进入状态，具备了"见文生情"的本领。小学语文教育专家周一贯先生不止一次说，"听了于永正的朗读，至少可以少讲三分之一"。

洛阳市伊滨区诸葛镇第一初级中学的高晓念老师，读大学时才学讲普通话，因为喜欢朗读，普通话讲得越来越好。后来自娱自乐在网上配音展现了才能，现在不断受邀给影视作品配音、做节目解说、演播小说，还担任了"静雅思听"的兼职播音员。超绝的朗诵本领让高老师的语文课深受学生喜爱，学生们更轻松地接受到文学艺术气息的熏陶。

2018年,河南省教育厅基础教育处启动了全省中小学班主任基本功展示活动,其中一个环节是"才艺展示"。在报道这个活动时,我写道:"班主任多才多艺,是学生学习、成长的示范,也是班级课程资源丰富的一个前提;班主任多才多艺,教的方式方法自然会灵活多样,过程妙趣横生;班主任多才多艺,教育更贴近了艺术……"

不管是教什么学科,不管做不做班主任,教师有一项或几项"绝技"在身,"人无我有,人有我优",自然就与众不同、出类拔萃。

除了朗诵、背诵、写作、演讲、演奏、歌唱、读书……都是教师可以用功之处,只要有兴趣,肯钻研,下苦功,就能教学绝技在身,大大提升教学魅力。

当然,对于教师绝活儿的理解,不能仅仅局限于某项教学技能、技艺的高超纯熟。

对一种教育理念的深入实践,对一个领域的通透研究,对一本经典的全新解读……只要有成果,对学生发展产生巨大的导引推动作用,形成了教学影响力,都能够称得上是绝活儿——但此时,有自己的教学特色,可能是更为精准的表达。

就如前文的刘娟娟老师,聚焦作文教学,扫除小学生学习作文从心理到行动的种种障碍,从词语、句子到段落和文章结构,怎么有效训练,她创造出全套方法,显现出鲜明的教学特色,树立起自己的"课程品牌"。

有人讲,当今时代是平台为王、个体崛起的时代。对这个判断,我是赞同的。所以,青年教师专业成长,可以以兴趣和"绝活儿意识"为起点,在认识自我、锤炼才干、克服难题中树立起教育品牌——学生能从你的名字瞬间建立起教育信任。

假如教师专业成长有捷径,那非"练绝活儿"与"树品牌"莫属,一定不可辜负自己的天赋。

"爱学习的天使"是怎样培养的

英语教学低效的问题多年来一直被社会各界关注和诟病。比如2021年全国两会上，全国人大代表、湖南省长沙市雅礼中学校长刘维朝，建议小学和初中阶段取消英语课程；全国政协委员、九三学社中央委员许进也建议取消英语中小学阶段的所谓"主科"地位。

专家的理由很充足——英语学习占用了中小学生的大量时间，然而效果不佳，也影响了其他学科学习。另外，多家机构不同时间所作的调查均显示，七成以上的人支持"对英语改革"。

从小学到大学，英语耗费了学生大量的时间和精力，但成效不佳，对于绝大多数学生而言，如果不选择其他学习途径，水平也仅是"考试还行"。英语教学为什么低效？怎么做才能高效？围绕这个热点问题，多年前我采访了沈丽新老师。选择采访沈老师，是她的专著《英语可以这样教》打动了我。

与沈老师交流之后，我更深切地感受到，教学质量说到底是与教师这个人休戚相关。走出教学低效误区，自信地面对课程、课堂，是不同时代的每位教师都要面对的命题。

沈丽新是小学英语教师，可她常向学生强调：不要因为学习英语，就忽视语文。这个不同寻常的举动，就显示出她的突出个性。沈丽新有自己的理由，她对学生讲："我们的母语汉语才是最优美的语言，因为汉语里面蕴含着我们源远流长的文化。""我首先是个中国人，所以我首先要学好我们祖国灿烂的文化。虽然我教你们学习英语，但我更希望你们先学好自己国家的语言和文化。"

沈丽新心思细腻，喜欢读书，少年时代就从伙食费里节省出钱来买《古文观止》，一篇篇去读，去背；而精通一门外语之后，在对比当中更感受到汉语的精妙。所以，她由衷地希望学生也能先学好汉语和母语文化。

虽然沈丽新常对学生絮叨"要重视语文"，但不意味着她就不重视英语教学，相反她的每一节英语课都"费尽心机"，要让学生学得高效和兴趣盎然。而且，她真的做到了，就像"全美最佳教师"雷夫·艾斯奎斯创造"第56号教室的奇迹——让孩子成为爱学习的天使"那样，很多学生开始喜欢学英语，学得卓有成效。

沈丽新是如何做到的？我认为与她作为英语教师却关心学生的语文学习那样"有个性"相关，她教学有自己的想法和清晰思路，有效激励引导了学生。

第一，重视创设机会、抓住契机引导学生自己思索、发现学习的意义，建立学习信念。

沈丽新非常看重"第一课"对学生的激励引导价值，用心设计内容和形式，循循善诱，使学生树立学习信心、思考自己好好学习英语的理由。

在专著《英语可以这样教》中，沈丽新记录了自己给学生上的第一节课——

新学年开学的第一节课上，为学生朗读毕淑敏的《我很重要》，然后讨论怎么才算是一个"很重要"的人……

又一次"第一节课"，和学生一起探讨学习英语的目的……

又一个新学年，接手新班级的"第一节课"上，向五年级学生分享雷夫老师的"道德发展六阶段"，鼓励孩子们也做"爱学习的天使"，然后和学生一一打招呼、相互认识。

学习的意义感、对学习的认知理解，会深刻影响学生的学习动机和学习成效。

"我爱学习，学习使我妈快乐！我妈快乐，全家都快乐！"这是很多学生都熟悉的一个"搞笑梗"。当学生能够拿学习开玩笑时，还是好现象，学生其实是明白学习的意义和价值的。不过，更普遍的情况是学生为学习而恼怒时对妈妈或老师讲："我不给你学了！"很多学生内心并不热爱学习和求知，更乐意享受"即时快乐""垃圾快乐"。

所以,教师要去学习研究"意义学习""学习动机"理论,将之灵活运用于教学当中,激发学生的内在学习动力,保障学生的学习更有成效。

第二,为学生学习提供丰富多元的有价值信息,表达对学生成长的高期待。

沈丽新将大量精力用在备课上,她认为这是有效教学的第一保障。比如,接了一个新班后她观察发现这届学生与之前的学生大不一样,就果断地将三年前的全册教案全放弃了,重新备课。她备课的一个目标是尽可能多地提供多样化的有价值信息,为学生打开一扇扇学习宝库大门。

每节课沈丽新都制作课件,因为她在实践中发现如果没有信息技术支持,高容量的教学内容就无法做到。制作一节课的课件,沈丽新往往要花费两三个小时,甚至更长,有时为了寻找一首适合的英文歌曲,会把互联网搜个遍。

课堂上,沈丽新会和学生谈读书,推荐好书;每周,她要教会学生唱一首英文歌;即使到了考前复习阶段,依然坚持上英语活动课;她为学生上晨会课,教他们"会听课""懂负责""心坦诚"……沈丽新用这样的教学方式表达着对学生成长的高期望值,而且从不吝啬对学生的鼓励、欣赏,让学生读懂老师热切的期盼,内心自然生发出动力、热情和信心。

第三,优化学习清单、任务,把学生拉入真实的生活场景中学习,体会学习的真实、有趣和有用。

沈丽新有一个教学理念:尽可能充分挖掘教材上可以利用的点滴资源,"纵横联合",生成新的教学内容,并将之转换成学习清单和任务,如指导学生锻炼运用英语言说和思考的能力;渗透语法学习和练习等"超课标"内容;等等。挖掘的诀窍是什么呢?联系学生熟悉的生活场景,学生遇到的真实而具体的事情。

英语教师都懂得要尽可能地让学生在课堂上多张口说英语,沈丽新则关注更多——要让学生用英语进行"真实"的语言交流——说练的内容与学生的生活、学习真正有联系,与当下的生命情感有交融。

很多英语教师重视创设学习情境,但设计的情境是"假设"的、"虚假"的,因而学生的会话练习成了"句型操练",脱离现实生活。学生虽然也张口讲英语,但内容其实与真实的生活脱节,所谓的入心、动情和动脑始终与生活、生命"隔着一层"。这样的学习状态下,学生很难体会到"智力劳动的快乐"。在真实的生活场景中学习,有了收获,得到锻炼,学习的成就感会更强。

教育心理学研究表明,学生的知识背景、生活经验对学习兴趣有重要影响,对一个领域了解越多越可能产生继续探究的兴趣。因此教师在教学新内容、设计学习任务时,要尽量多地与学生的生活经验、知识背景相联系,增添学习活动的趣味性,同时也让学生认识到学习的价值,从而更加热爱学习。

第四,尽力关注到每个学生——拉入课堂,融入学习,人人都有得到认可、鼓励、支持与帮助的机会。

沈丽新在课堂上有一句"名言":"我们谁都不是观众,不要让自己闲着。"她从不让学生一起回答问题,避免有"南郭先生";她指导学生:一个学生站起来读单词和句子,所有学生都轻声跟着读;她习惯于用眼神邀请学生发言,所以课堂上常常有多位学生同时站起来共读共答……这就尽力使每个学生都融入课堂学习。

沈丽新教学的一个原则是课堂作业学生当堂完成,而且当堂完成面批。这保证学生每个出错的地方都能及时得到指导。

学生性格各异,表现千差万别,但内心深处的一个渴望是一致的:得到老师的欣赏、关注。有时候老师不经意的一句温暖鼓励的话、一个关怀的动作、一个赞许的眼神,能在学生内心掀起波澜,从而产生学习信心和巨大的上进动力。

教师都信奉一句教育名言:没有爱就没有教育。那么,就把自己对学生的关心爱护变成学生能够感受到你的关爱的教育行动——放大学生的努力、进步和优点,将认可、鼓励、支持和帮助变成另一种阳光。

第五,教正确的学习方法,指导学生在自学中学会学习,热爱学习。

沈丽新特别重视教给学生学习英语的方法,培养学生的自学能力。这一点尤其表现在单词教学上。她很早就开始在课堂渗透音标教学，一些大学才学的语音知识，她照样讲解和示范，教会学生自己拼读单词，通过读音识记单词，告别机械记忆单词的学习方式。

第二天新授课的学习重点、回家需要完成的学习任务，沈丽新都会提前打印好，发给每个学生，并提出要求，给学生家长一些具体的指导建议，让学生自己学习。

新冠肺炎疫情的不断反复，让学生居家上网课成为一段时间的"新常态"。这对学生自学能力、自我管理能力是个巨大考验，这背后更考验教师指导学生的理念与方法。

比如在给学生布置学习单词任务时，很多教师习惯于这样提要求："默写单词，并请家长检查到全对为止。"

沈丽新认为这样做无益于学生学习能力的提高，而且的确加重了家长负担，于是作了改进："默写讲义"，讲义上将中文排版在左边，英文对应排右边；学生默写时，可以将讲义对折、遮住中文，不用家长参与，自己就能完成。

与此同时，她更具体地提出学习指导意见：先看熟"默写讲义"上的词语，觉得没有把握的先巩固几遍，然后再开始默写；默写完成后一定要自己校对，用铅笔给自己的默写打钩或者打叉；最后有错的，每个订正4遍。此外，及时发出各种"友情提醒"，如"用心思去默写正确，才是真正在动脑，以后高年级和中学词汇量越来越多时才能跟得上"等。

想让学生热爱学习，拥有强大的学习能力，教师就要用心思指导学生开始自学，特别是教正确的学习方法，引导学生自己担起学习责任。落实这个理念，教师还要尊重学生的学力和习惯差异，让学生的学习有选择权——自己订目标和计划，找到自己的学习步调，按照自己的节奏，做学习的主人。学生在自学中获得的学习成功体验和成就感将强化学习兴趣和动力。

学生时代是求知欲、探索欲最旺盛的时期，每个学生都有机会成为"爱学习的天使"。有智慧的教师懂得"顺势而为"，从动力、兴趣、资源、方法、责任等多个方面施加积极影响,做学生成长的有效激励者、指导者。这五点教学智慧,能启迪教师成就和托举更多的学生。

教学的勇气和自信源于哪里

沈丽新是极有个性的教师,不随大流。比如很多教师一总结经验,就要大讲"爱学生",沈丽新却公开宣称"不爱"学生,而以"专业的态度"对待学生,教师专业的态度有哪些关键词呢?有和善、尊重与福泽。

一定有教师不以为然,认为这不过是换了一个更时髦、动听的说法而已。其实没那么简单。太过笼统的理念很难产生影响力,不加深度思考的话,最终只会成为一个空洞的宣言说辞,界定清楚内涵的理念才能导向有价值的行动。

有教师希望学生投入课堂积极学习,就鼓励学生精神抖擞、读书和回答问题声音响亮,导致一些学生课堂上"不惜力",以至于"声嘶力竭",可教师却不加以引导——这是"爱学生"吗?……每每听课遇见这样的情况,沈丽新总是担心孩子们稚嫩的嗓子。沈丽新培养学生在课堂上"正常讲话,轻声细语"的习惯,她以学生的眼神是否清亮、举止是否局促不安等来判定学生的学习状态,进而施以有针对性的指导;学生在课堂上口渴了、想上厕所,只要不妨碍老师和同学,静悄悄、轻手轻脚就可以……这些都是真诚、实在的福泽。

从这些对比中,不难理解何谓"专业的态度",沈丽新评说自己"骨子里是有些'小清高''小叛逆'的",也鲜明地凸显出来。我认为,这种"个性"是珍贵的教学自信、是笃行一些信念的教学勇气;没有教学勇气和自信的教师,不会创造出有效教学。

多年前我采访沈丽新老师,话题就是有效教学。谈起长期以来英语教学低效,人们往往归咎于教学评价方式的僵化单一,但沈丽新认为这不是主要原因。将教学低效归因于教育体制"很自然""很安全",却可能掩盖教师在教学观念、方法等方面的真实原因。

沈丽新也曾做过加班加点补课、多布置作业的事儿,但后来随着阅读教育论著,不断进行教学反思,树立了有效教学意识,连家庭作业布置、作业批改方式都作了调整。

在给青年教师提成长和教学建议时,沈丽新强调教育论著的阅读。虽然爱读书,但她一度排斥教育论著,做教师的前几年仍是随着喜好读书。谈起过往,沈丽新说有些遗憾——如果登上讲台之初就读教育论著,一定会让曾经的学生收获更多些,自己的教学遗憾更少些。

阅读教育论著,教师能够看到教育思想的高峰,领略教学花园的芬芳,进而引发教师从"根儿"出发,对自己的教育教学实践进行思考与创新想象。比如沈丽新建议年轻教师重点读些课堂管理、师生关系的教育论著,这是年轻教师的短板,而有效教学的基础是良好的师生关系。好的理念与实践经验能够帮助教师建立起"彼此信任""真诚关怀"与"相互支持"的师生关系。

低效教学是怎么发生的呢?沈丽新老师启迪我有三个方面的思考:第一,教学追求的目标错了、狭隘了,必然导致教学最终的低效。方向不对,是根本性的失误。第二,教学的策略方法落后、单一,教学视野狭窄,固守经验和习惯,不能满足学生的学习需求。第三,虽然明白什么是对的、好的,但基于现实考虑等原因无法坚持,知道却做不到。

2015年暑假前两个月,因同事休产假,沈丽新接手了年级纪律最乱的一个班的英语课。这两个月沈丽新感受到了煎熬及挫败感,尽管后来从学生和老师那里得到反馈,学生多个方面有了很大进步,可她为自己期末考试后的那种"解脱感"而羞愧、自责。她反思自己这两个月有些急躁,失去了平常心和学生立场,一度忘记了一些诸如"关注学生的积极行为""'真实'学习"的原则。

沈丽新一时乱了方寸,可她依然保持着自省的勇气。这是教师不断成长进步的动力源头。直面失败,勇于自我剖析,教师的教育信念才会愈发坚定,教学技艺才会愈发纯熟，面对教学挑战时才能依然保持步履的从容、稳健。

所以我想，摆脱低效教学最根本的出路在于教师自己做高效的学习者，能以学习者的视角审视教学，激励引导学生，以自己的学习成长成功积淀教学勇气和自信。

沈丽新说，教学要综合考量效率、效果、效益这三个方面：孩子们在学习上所花的时间是否过多？学习成绩是否达到合格或者优良？学习过程中孩子们是生气勃勃、喜气洋洋，还是愁眉苦脸、冷漠呆滞？

她又说，我不希望自己只是一个传授英语知识技能的教师，而要教与学生生活和生命成长相融合的"有文化"的英语。

她还说，学习任务尽力都在课堂上完成，学生回家之后不需要再花费很多时间学英语。

这些"教学表白"使我想到了孔子讲的"知者不惑，仁者不忧，勇者不惧"。在我看来，沈丽新是有着"知、仁、勇"——先秦儒家所讲的"三达德"教师。

"不惑""不忧""不惧"是人理想的生命状态，可能永远也无法抵达，却可以成为我们锤炼理想品格的灯塔。借助这个认知框架，教师专业成长的路径将更为清晰。

教师的"知"，在于建立自己的教育教学信念、主张，有自己的教育价值观，教学方向明确，知道自己要做什么、追求什么；这样，虽每天教学忙碌却感到有意义，就不会迷茫。

教师的"仁"，在于不断地自我提升、自我完善——为自己的教育教学信念落地落实；素养能力在提高，教学问题在化解，有信心和希望，自然不会忧虑。

教师的"勇"，在于成为一个思想者、自我批判者，有自己的价值操守与信念坚持，有正视错误失误、修正理念策略的勇气。

构建什么样的课堂，如何教学，从"高"处讲是选择做什么样的教师的人生境界问题，而"知者、仁者、勇者"是一个至高选项。知、仁、勇，将让教师满怀教学的勇气和信心。

法则 13：共情学生
——解读毛玉玲

　　优质的基础教育，促进学生整体发展，特别是心理和精神建设、人格与价值观发展，与知识增长同步，甚至可以说，身心健康、人格强健要比知识学习更重要。

成长寄语：

能力强，是在工作中磨炼出来的；铁肩膀，是使命担当扛出来的。成长，无止境。

毛玉玲

微档案

毛玉玲：河南省汤阴县文王中学教师。安阳市师德先进个人，安阳市骨干教师，安阳市优秀班主任，汤阴县"岳乡榜样，汤阴模范"荣誉获得者，河南最具智慧力班主任优秀奖获得者。

学生内心的渴望，我懂吗

面对令人痛心的儿童青少年自杀事件，人们普遍慨叹现在的孩子太"玻璃心"，缺失心理健康教育、挫折教育、生命教育。同时，很多人也在反思家长和老师教育方法不当，探究教育体制及社会发展中的深层次问题。各个角度的深入思考有助于我们教育理念的更新和教育方法的改善，进而减少此类悲剧的发生。

不管是开展心理健康教育，还是加强挫折教育和生命教育，理解学生是前提，否则再好的理念和方法都不会产生作用。从我自身的体验，以及对现在学生生活状态的观察，我认为现在的中小学生"太难了"，他们当中的很多人没有真正体验过童年的快乐滋味，或者说他们的童年缺失太多。不用说乡村里的留守儿童，就是生活在大城市里的孩子，也是如此。

从吃穿等物质层面上来看，如今的孩子们相当"幸福"，很少会有饿肚子、受冻的情况；但是，他们在精神层面的遭遇相比三四十年前的中小学生要难过很多，因为他们小小年纪就开始接受从社会层面层层传导过来的压力。

中国青少年研究中心"中国少年儿童发展状况"课题组于 2010 年与 2015 年进行的两次全国大范围调查显示，全国小学生平均在校时间从 2010 年的 6.7 小时增长到 8.1 小时；中学生平均在校时间从 7.7 小时增长到 11 小时。

中国教育三十人论坛学术委员会发布的《2018 年中小学生减负调查报告》也显示，随着年级增长，反映负担重的学生比例持续增加，尤其是该比例在升入二年级后，直线跳升至 40% 左右。也就是说，从小学二年级开始，学生课业负担过重问题就已十分严峻。

调查显示，仅有 23.99% 的小学生表示可以睡到自然醒，有 29.26% 的学生睡眠不到 8 小时就被叫醒，到六年级这一比例已高达 39.5%。初中高中的情况就更严重了。

2019 年 4 月，国家卫生健康委员会发布的一项调查显示：2018 年全国儿童青少年总体近视率为 53.6%，其中 6 岁儿童为 14.5%，小学生为 36%，初中生为 71.6%，高中生为 81%；监测发现，67% 的学生每天户外活动时间不足两个小时，29% 的学生仅有一个小时；73% 的学生每天睡眠时间不达标，课后作业时间和持续近距离用眼时间过长。

这些调查都从不同角度表明：现在的中小学生表面上"泡在蜜罐里"，实际上过得并不快乐；他们的童年承受了很多本不该承受的过重压力：学习压力大、竞争加剧，从小缺少玩伴、不能放开了玩耍、童趣缺失，父母的期望高……对于农村孩子来说，因为父母外出务工，很多人从小就失去了父母的呵护与陪伴，心理上有着隐性创伤。

事实上，很多中小学生看似顽劣行为的背后，是正常的发展需求被压制或漠视后的一种心理补偿反应。探寻学生那些让老师感到生气、郁闷的行为的深层次原因，有所行动和作为才有可能让教育变得更有价值、回归本真。

2021 年秋季新学期，中国义务教育阶段学校开始"减轻学生作业负担和校外培训负担"治理，同时实施"课后服务"，满足学生多样化的成长需求。这是试图整体性改善教育大环境的努力。对于孩子来说，父母、老师的理解，对待他们的态度，则是影响更直接、感受更真切的教育小生态。

我认为，中小学生内心有三大需求或渴望，需要父母和老师关注与充分满足，这不仅"定型"亲子关系、师生关系，更直接影响孩子的身心健康与发展。

第一，学生渴望释放疏解精神压力的机会和渠道。学业压力无形，却往往通过父母、老师的言谈或期望，压到学生的肩头和心头。压力若超过了承受能力，再得不到及时的排解，就会引发成长问题。

众多青少年成长问题研究专家的研究表明，在学段衔接期，如小学升入初中，初中升入高中，也即初一、初二及高一年级，学生要适应新的学习活动，学习环境也在变化，而且生理发育引起的心理、情绪变化，以及自我人格认知冲突在加剧，压力倍增。

父母、老师，特别是班主任，如果没有这样的认知与意识，会成为孩子成长的灾难。这背后是对学生的深切理解。

有智慧的教师、有经验的班主任，会建立起比较稳定的精神压力释放渠道，如周期性的班级文体活动、通畅的师生及亲子交流笔记本等。为学生创造自我调节的机会，是学生成长的福祉。

第二，学生渴望温暖与关怀。城镇化的中国发展模式和信息化浪潮，深度重构了中国人的生存结构和生活方式。儿童不得不与父母分开；即使与父母生活在一起，但快节奏、高压力的生活使得父母（至少一方）也无暇顾及其精神世界。现实生活世界的"无趣""冷漠"，将学生推向了手机、网络游戏和玄幻小说，学生在那里独自构筑精神世界。

有一段时间，一些中小学生欺凌事件通过手机录制的小视频在网络上曝光，触目惊心的一个个案例推动国家出台欺凌问题综合治理方案。这个现象足以表明，学生在成长关键期若缺失了来自父母和老师的温暖与心灵关怀，会变得多么可怕。

渴望温暖与关怀，也是人社会交往当中的普遍心理诉求，没人喜欢遭遇声色俱厉与冷漠傲慢。在校园场景中，学生处于弱势地位，更渴望温暖与关怀。

学生成绩不好，行为习惯不好，学生厌学，其言行让你感到厌烦……这个时候，恰恰是他们在释放需要温暖和关怀的信号。是他们长期遭遇的"嘲笑""蔑视""冷漠""打击"的"不公平"，把他们爱学习的心、想变得更好的那颗心冰冻起来了，所以才逐渐丧失了学习的热情、进取的动力。

2022年1月1日，《家庭教育促进法》开始施行，但我仍然固执地认为，中小学教师在儿童青少年的成长引领中负有主要责任，因为教师是社会大分工中的教育教学从业者，是专业人员。在育人中，当然需要家长配合和支持，但教师是主导者的角色定位不可推卸。

温暖和关怀是抽象概念，在教育教学中最终要以教师专业的态度、专业的方法传递给学生，如和蔼的态度、耐心的指导、及时有力的支持帮助等，让学生感受到自己没有被忽视或被放弃。

冷漠只能造成无感和冷漠，温暖和关怀才能让心灵回暖，让美好人性复苏。

第三，学生渴望赞美，渴望受人重视。这同样是源自人性深处的本能精神诉求。有智慧的教师懂得运用这个"教育原理"长善救失，创造机会和平台让每个学生都有机会得到赞美、赢得尊严，营造出一个良好的学习成长生态圈，学生内心生发向好动力，教育教学事半功倍。

比如，有语文教师长年开展课前三分钟分享活动，学生轮流登台演讲自己的读书思考或观察心得，个个得到锻炼与激励，成长热情高涨；有班主任建立多元评价体系，辅以多种班级活动，平常看到每个学生的努力进步、优点特长和班级贡献，期末隆重举行表彰典礼，学生喜欢上班级，不再厌学，都得到发展。

学生的成长需求中蕴藏着教育契机，读懂学生的成长需求，满足这些需求就是教育智慧。教师专业成长高效与否，一个自我判别标准就是师生关系如何。师生关系融洽和谐，是教育成功的基础，成长的方向与"台阶"就在这里。

即使"不欣赏"，也得接纳学生

毛玉玲在学生心目中一度是很"严"的老师。这个消息口耳相传，以至于刚升入汤阴县韩庄乡第一初级中学（2016年学校更名为汤阴县文王中学）

的学生对毛老师"有点害怕"。

消息灵通的学生还打听到她是县人大代表，因此"害怕"之中还夹杂着一丝佩服。不过，与毛老师相处时间长了，学生发现她并不是传说中、想象中那么严厉，相反她特别体谅学生，让人感到可亲可近。

多年前我采访毛玉玲老师时，学生对她的描述就改变了。牛慧芳同学说："毛老师很少向家长告我们的状，总是多夸我们的优点。"付晓婷同学说："毛老师不以考试分数高低看人，对我们都可好。"

原来，"严"还有另外一种解释——毛玉玲为学生想得多，大到人生理想，小到衣着发型，她都放在心上，凡事认真，注重细节，追求完美。

从1992年走上讲台起，毛玉玲就担任班主任，她身量不高，甚至有点瘦弱，但"理想主义者"的性格让她形成了"不做则已，要做就要做到最佳"的行事要强风格。

因此刚参加工作时，看到学生调皮捣蛋，不合自己的意，常火冒三丈；遇到学生犯错，非得较真儿，让学生"低头"才行，故而常与学生闹得很僵；面对纪律涣散的班级，心灰意冷；面对无理取闹的学生家长，也曾满腹委屈……

与学生"斗智斗勇"二十年，毛玉玲总结了不少经验教训；向有经验的老教师求教，孜孜不倦地读书、反思，使她对教育的理解深入本质。谈起班主任工作经验，毛玉玲最深的一点感触就是"要有胸襟，心态平和"，这样面对繁杂的班级事务，才不会手忙脚乱；遇到"个性鲜明"的学生，也不至于气急败坏。

做了母亲之后，看着儿子一天天长大，也引发自己的反思，因为"看到学生，仿佛就看到了儿子"。自己的孩子很普通，希望儿子在学校被老师善待，那自己作为老师对学生也得态度友善，不管成绩好还是差。

毛玉玲对学生有了宽容之心，有意识地提醒自己"笑容多一些、嘴巴甜一些"，看到学生的一丁点儿进步就表扬。学生的毛病一时半会儿改不彻底

法则13：共情学生

有反复，也不急躁，这个办法不行，就想另外的招儿，总之是有耐心。

学生小磊不爱学习，行为懒散，还不断违纪，如上学迟到、作业敷衍、课堂上常乱说乱动、干扰同学。毛玉玲就多提醒和督促，但态度和蔼。

偶然一次，小磊很早就到校了，毛玉玲就热情表扬，小磊也很高兴，作保证说："以后我天天都早点来，真的。"毛玉玲心里疑惑，但脸上不带出来，信任地拍着他的肩膀说："行，老师相信你能做到。"接下来几天，小磊还真做到了，一到校还能自觉早读。毛玉玲又是多多表扬。

有一次写作文，小磊写《我的一个烦恼》，记录自己期中考试时的所思所想："想抄抄前面同学的，但是我失望了，因为那个考场全是学习差的，我抄他们的还不如不抄……考完，终于解脱了，飞快地冲出了考场，但又一想，唉，还得吃分数，愁啊！这就是我最大的烦恼，想要除去这个烦恼，只有加油学习了……"

作文没有精彩词句，但这是小磊第一次写出真情实感。讲评作文时，毛玉玲特地把这篇作文当作范文朗读，小磊激动得脸都红了，两眼放出光芒。下课后，毛玉玲教小磊修改作文，又鼓励了一番。

自此，小磊在学习上更加用功，学会自我管理，还热心班级劳动，发挥体育特长为班级争光，与同学关系也变得融洽。初中毕业，小磊也考上了高中。

像小磊这样被成功引导、有很大变化的学生太多了。毛玉玲总结说，大人还有这样那样的毛病，更何况是学生呢？他们青春年少，倔强，叛逆，犯点小错都是正常的，如果都是"乖乖娃"，那还要老师干啥？老师有耐心，多鼓励和引导学生，绝大多数学生能听进建议，有向好变化。

教师的教育观念深刻影响对待学生的态度。如果教师把学生的成绩看得过重，那么对待成绩不好的学生就很难有好态度，在教育引导学生时，也很容易失去耐心，情绪失控。毛玉玲在自我反思时也提到了这一点。她深刻地认识到，这是陈旧、落后的教育观，说白了就是急功近利，把学生当成了一种工具。实际上，对学生发展真正起关键作用的并不完全是分数，而是良好的心态、责任心、做事认真和有韧劲的习惯、不自私自利的良好品性等素养。

教育观念提升了，善于自我反思了，毛玉玲看待学生的眼光变了，不紧盯成绩，开始重视发现学生的优点长处，特别是对那些成绩差、经常得不到老师好脸色的学生，更善于用"放大镜"看他们的优点，进而鼓励他们发展一生会受益的素养。

她给我讲了一个颇有教育名言意蕴的观点：<u>看学生得用欣赏的眼光，这样，学生个个都有优点，都可爱；即使一时看不出来、不欣赏，也得接纳学生，因为他是我的学生。</u>

这句话让我很受触动，也很感动，这种"好心态"是她在长期实践当中历经挫折、不断学习和探索而领悟到的教育真知。我觉得，这是教师最需要修炼的专业品质，其中有宽容精神，也有教育引导智慧。

如何修炼？有个"关键时刻"，即学生就要激怒你时——头脑冷静，运用理性告诉自己：修炼时刻到了，别发火，不失态，我不欣赏他，也得接纳他。以此为原则，修炼宽容精神和耐性。不为别的，因为这是教育精神和专业品质的体现。

如果我们决定了自己要做一个好教师，要专业成长，就要以教育精神、教育使命的高标准自我要求。

赢得学生信任的三个常理

"两眼一睁，忙到熄灯"，这是不少教师尤其是班主任工作的真实写照，可教师忙忙碌碌，换来的不全是尽如人意，而是学生越来越懒、能力越来越差。现实中，不乏这样的例子：越是精明强干的班主任，带出来的学生越是眼高手低、依赖性强。

为啥会这样？毛玉玲评论说："还不是老师太勤快了或者不信赖学生？"教师总是担心学生这干不好，那考虑不周全，不合自己的意，与其这样，还不如自己忙些，直接指挥甚至亲自上阵，自己事事、时时操心，久而久之，学生什么都不上心了，"反正有老师在，你说干什么我就干什么，你说怎么做我就怎么做"，慢慢就失去了自主性、主动性。

"学生以后的路是要自己走的，谁也不能代替，成年后还要承担家庭的责任，爹妈能管一辈子，还是老师能管一辈子？所以，学生必须得学会自主管理、自我教育。"这成为毛玉玲教学以及班主任和班级建设的主导理念。

不过，事情总是这样——说起来容易做起来难。想让青春期的少年守规矩、爱学习，班级有秩序的同时又充满活力，难度相当大，特别是学生的自我管理和自我教育的意识不强、自制力又比较弱时。

所以，每接手一个新班级的初期，毛玉玲特别"勤快"。几乎一下课她就进班，尽可能多地与学生在一起，要么细心观察每个学生的言行举止，发现各种问题苗头，及时介入和引导；要么和学生聊天，深入了解学生的想法、心思，无形之中就收到了改进班主任工作的意见和建议；班级里有事务要处理了，遇到涉及班级公共利益、涉及是非认知问题了，毛玉玲就会把学生推到前面，让学生多说多想，发挥聪明才智，自己解决问题，自己讨论方案。

往往经过一学期，班里就会形成班风正、学风浓、大家关系和谐、目标一致的良好局面。稳住了阵脚，毛玉玲就开始变"懒"了——很多事情放手，紧紧依靠各个"级别"的班干部和"发动学生"，让班级根据学生参与制定的班规自动运转，让学生实践自我管理、自我教育。在毛玉玲的班里，班干部一般是毛遂自荐，然后再根据能力、个性等作调整，而且每个学期都要轮换，保证每个学生都有锻炼的机会。

学校的年轻教师都很羡慕学生对毛玉玲的亲近态度，钦佩她带班有方，在向青年教师传授经验时，毛玉玲常会提醒两点：一个是老师要"主动出击"，想学生所想；另一个是思考管理班级和学生的根本目的是什么，这个问题想清楚了，可能就有新思路了。

这两个建议我认为是建构和谐师生关系的金玉良言，因为它抓住了教育教学中非常关键的"学生立场"。从学生角度思考教育问题，能有力消除教师工作中的自以为是和很多偏见，让教育体现出"适合学生"的优秀品质。

另外，毛玉玲提出的"主动出击"还启发我更深地思考一个问题：教师如何赢得学生信任？我梳理出了三点感悟。

第一，舍得"情感投入"。情绪情感不是人类独有的心理状态，但人类的情绪情感要比一些动物高级、丰富得多，因为人类有理智，情绪情感当中蕴藏着人对事物的认知和价值观。因此，教育教学的目标之中有情感引导诉求，在教育教学工作当中，"动之以情"也是教师最需要重视的策略。

当然，把情感当策略，可能会引起一些教师的误解，是不是为了某个教育目的就可以"虚情假意"？有这种想法可以理解，但我认为无须担忧。首先，学生都有判断力，虚情假意无法持续；其次，情感是非常微妙的东西，是会因为认知而生长、变化的。故而，教师舍得"情感投入"最终都会落脚于让学生真切地感受到关心爱护，懂得与接受老师的"诚心实意为你好"。

所以，舍得"情感投入"是对那些真心热爱教学工作的老师的"技术性"建议，即要善于使学生真切地感受与接收到你的关爱情感。

在河南省中小学班主任基本功展示活动中，一位班主任讲的班级故事令我印象深刻。这位教师在一所寄宿制初中任教，学生大多是农村留守儿童，调皮捣蛋、不听老师管教者不少。学校初建时条件有点差，冬天到了却不能提供充足的热水。这位班主任看到这个情况，就天天给学生烧热水，让学生睡觉前好洗脸、刷牙、洗脚，还给有脚气的学生买药膏。这件事儿，她做了一冬天，没吵没闹，学生态度转变了，班级凝聚力增强了。

一位教师外出培训学习几个月，想念学生的他，其间几次利用晚上没课的机会回到学校看学生，还给每个学生带两个香喷喷的热烧饼。当他突然出现在教室时，学生惊喜万分。晚自习快下课时不少学生正饥肠辘辘，烧饼的香味让学生流下的不只是口水，还有感动的泪水。

有教师外出旅行时也不忘学生，看到喜欢的、有寓意的小工艺品，就给学生每人带上一个做吉祥物，考试前发给学生，巧妙地做了心理减压，激发了学生的斗志……

很多看起来"不懂事"、让人"不省心"的学生，实际上却是心灵缺少温暖滋润、存在感和价值感缺失、精神孤独空虚的"可怜人"，教师若懂得了舍得"情感投入"的策略，研究其合理正当的成长需求，"超预期"地给予满足，如舍得为学生花时间，使其感到关怀，舍得为他"戴高帽"——就是"雪中送炭"，学生内心有感动有触动，自然会亲近和接纳老师，让师生关系升温。

第二，带给学生希望。这是"情感投入"之后的延续、升华策略。不管是面向全体学生，还是具体的学生，情感投入促进师生关系和谐，目标还是实现更优的教育。有了情感投入的铺垫，师生沟通将更加顺畅，学生将乐于听取教师的一些成长指导或建议。那么，教师讲什么、做什么就非常关键，这是管教学生的核心，我认为教师要以"带给学生希望"为目标。

希望，对于学生意味着成长动力，意味着自我管理与督促、自我教育的基础。不管是所谓的"好学生"还是"差学生"，希望都至关重要，希望就是生命之火，影响着生命状态。如今社会上流行一个说法——躺平。其本质就是对生活失去希望，对未来没有了想法和向往。学生"躺平"，以及"躺平"思想在学生中间蔓延，对学风班风的破坏力非常大，教师的指导、建议一定要尽力带给学生因现实思考、未来畅想而产生的希望。

比如，有些男生成绩不佳，还不好学习，在原先的班级生态中，这类学生没话语权、没"地位"，毛玉玲细心观察，积极沟通，发现其兴趣、优点，安排适合的事儿给他做，如参与班级事务，给老师帮忙，为全班同学服务……事儿做好了，毛玉玲适时在班里公开表扬、鼓励。这样一来，这些学生的腰板直了，和老师、同学的关系也在改善，不再一天无所事事、惹是生非，也开始知道学习了。

第三，提升人格魅力。教学当中教师的"暗黑时刻"莫过于"学生不听你的""不把你当回事儿"。这是学生向老师发出的警示信号：需提升个人影响力了。有些学生虽然顽皮，但不失单纯，有基本的是非观、"原始"的正义观，这是文化传承、社会主流价值观无声熏陶的结果，他们能辨别哪位老师值得尊重、哪个则"不配当老师"，进而鲜明地表露出自己的态度。

毛玉玲后来意识到了这一点，特别注重学习，坚持读书、写反思，以及上网了解学生关注的事物等，目的是提升学识和思想内涵，熟悉学生的话题，为顺畅沟通打下基础。老师学识渊博，对学生态度友善，一言一行体现出较高的文化修养和文明素养，学生自然会钦佩、尊重老师。

教师能不能公平待人、主持正义，也很关键，特别是在处理涉及学生切实利益的班级事务时，解决学生间的一些矛盾纠纷问题时，坚守公正之心，"不双标"，更能赢得学生信赖和尊重。

教师被学生瞧不起，失去学生的信任，是很严重的事，教育注定会失败。在学生心目中，教师不是单一的知识形象，而是"一个什么人"的整体形象；教师教育教学本质上也是作为一个整体的"人"对学生的影响和引领。故而，一定意义上讲，教师的教学影响力即人格魅力。人格魅力，是非常"奇怪"的一种综合素养。"奇怪"是指，当你"刻意"去展现或掩盖时，可能得到相反的效果，而在平常、自然、真实之时，它无声地显现出来，对人产生吸引力、感染力。

所以，对于人格魅力，只用想"提升"之事，使它成为日常修炼之功，自然能使学生产生"向师"之心。提升人格魅力，从哪里入手呢？我认为有两大关键点：一个是学识，奔着"渊博"努力；一个就是正直，对事事、人人皆公正。这也正是陶行知先生讲的"学高为师，身正为范"。

三个方法皆是生活常识常理，易懂好用，结果只与能否践行相关。师生相处时，教师处于主导与强势地位，故而还需经常自我反思：面对学生时，自己有没有"滥用"一个成年人天然的一些优势和教育岗位赋予的一些职业权力？

　　多多理解学生，共情学生，保持良好的心态、友善的态度最为重要，这不是什么新理念，也不需要高科技的教育技术手段，但能称得上是教师职业的一个核心素养。因为教师面对的是有情感、有思考、有脾气的成长中的"人"，而教育活动主要依靠师生互动，需要投入情感、表明态度，而且以思想和价值观提升为核心。再过50年、100年，只要纯粹的"人"和人类社会依然是主流，只要学校存在、课堂存在，那么这一理念就不会过时。

法则14：引领人生
——解读司清霞

教师职业的本质是什么呢？可能有人会说是"传道授业解惑"，有人会说是"立德树人"，有人会说是传承文化文明，培养人才，推动社会进步……我觉得这个问题无须一个标准答案，上面的几种观点都不错。这个问题的价值在于促进教师自己去思考、探寻教育的意义，建立自己的教育使命感。

成长寄语:

修炼授业解惑的能力，修炼耐心恒心和爱心，指引学生都能走上属于自己的星光大道。

司清霞

微档案

司清霞：河南省柘城县第一高级中学教师。河南省特级教师，河南省优秀教师，河南省骨干教师，河南省学术技术带头人，河南省优质课大赛二等奖获得者，河南最具智慧力班主任优秀奖获得者。

不可忽视的基础教育缺失

教师对自己所做之事的意义"拔"得越高，使命感将越强。在我看来，教师所做的是引领学生人生发展的"大事"。当然，大事得由一件件小事组成，教师最重要的一件事是引发学生思考，萌生梦想，树立目标，让梦想、目标引领着学生自我激励、自我教育，教师帮助学生圆梦。

人生需要梦想和目标的引领，否则就难免浑浑噩噩、暗淡无光。郑州市某优质中学的一位班主任遇到一个难以教导的学生，他把这件事写成了案例，后来案例做了精简，成为第七届河南最具智慧力班主任宣传推介活动中的现场案例解答题：班里一男生学习成绩比较差，还经常迟到，在课堂上睡觉。班主任了解情况后得知，他晚上要么常常打游戏到凌晨两三点，要么看些玄幻、盗墓之类的书……对老师的管教，他明显排斥。老师与学生家长沟通之后，明白了他们的态度：学习不好，没什么大不了的，虽然自己没什么文化，但现在已有三家大公司、坐拥上亿资产，老师只要看好孩子，不出事就行了。面对这种情况，班主任该怎么办？

这个学生对待学习的态度、表现出来的状况大概率是受父母的影响与纵容。作为班主任，当然可以听从学生父母的意见，只要学生不出大事、不影响同学学习、不带坏班风，只管睁一只眼闭一只眼；但是从经验判断，想要与这个学生"相安无事"，是不大可能的，如果不去改变他的学习状态，是一定会影响班风的。另外，如若真的如家长说的那样，于教师而言也有失职和有损师德之嫌。

学生成长偏离正轨，老师必须引领，方向是积极进取的生活态度，健康规律的生活习惯，友好和善的待人之道，担当责任的意志品质，明是非辨美丑的睿智眼光，等等。

　　这个学生的家庭富裕，估计什么物质需求都能满足，他所经历的可能是百依百顺、随心所欲，很少体验过挫折感；他做事的动机可能就是"喜欢""看心情"。这就导致在学习这个需要吃苦的方面难以有动力。

　　要改变这个学生的状态，还得先从动机、动力入手，引发他对"为何要学习"的深度思考，使他的内心产生非同寻常的学习需求。可以从他的兴趣爱好、父母期待、外在形象改善等方面入手。关键是老师能与他聊起来，在对老师的管教已有明显排斥表现的状况下，老师就得另辟蹊径，做好铺垫，找准话题。比如，能否从他喜欢玩的游戏、喜欢读的书入手，为他创造一个展示的机会？能否组织开展一次班级辩论，主题就是："家财万贯，还要不要学习？"

　　事实上，不光是这个富裕家庭的学生，所有学生的学习动机都需要教师去积极地引领和"管理"。教师要超越考试成绩的评价局限，经常创造机会与学生一起讨论讨论"我是谁，我从哪里来，要到哪里去"的哲学话题，以及人生梦想与发展等大问题。

　　教师，特别是班主任要坚定一个信念：教育其中一个维度的成功就是不断提升学生的需求层次。所以，教师要做社会观察家、生活实践家、梦想构筑师、职业分析师，创造机会让学生思考人生、思考社会、思考未来、思考人类……及早地熟悉社会生活，更快地社会化。

　　不过我观察，这是当下中小学教育一个很大的缺失。小学初中几乎是空白，高中阶段近些年开始推动实施职业生涯规划教育，但成效与学校领导的重视程度、专业师资力量有着直接关系，故极不均衡，并未真正普及。这造成绝大多数学生没有机会去面对自我、发现自我，与自己的心灵和未来做"深入对话"。

　　在前面章节提到一位有编制的女教师辞职之事，她在辞职信中写道：我从 8 岁开始就把自己的理想定位于教师，很幸运，成年之后实现了自己的理想，没有走关系，没有花一分钱……工作四年之后，却选择辞职……

很明显，这位 8 岁就有教师梦的曾经的老师，之前太缺失职业探索与自我认知，她对教师职业的认知一直限于想象，最后发现现实与想象落差太大。离职后她可能找到满意的新职业，但个人与社会都付出了巨大的成本。如果把读大学的过程看作教育投资，那么这个投资太失败了。事实上，这个问题并不仅仅出现在教师行业之中。在大学生学习的专业与最终从事的职业的匹配调查中，"对口"的比例让人难以乐观。

"香草招聘"联合新东方在线发布的《2017 年高校应届生就业报告》显示，一半以上的学生（56.7%）最后的就业岗位和本科专业完全不对口，只有 1/4 的学生从事本专业所学的工作。2018 年同期调查，"不对口"的数据为 54.9%。

"智联招聘"面向全国开展应届大学毕业生就业力市场问卷调查而形成的《2019 应届毕业生就业力调研报告》显示，专业"不对口"比例为 33.91%；2018 年的这一数据为 39.20%。

这个现象的背后是教育资源极大浪费的问题。当然，影响因素很多，客观方面有经济环境、就业形势、薪资待遇等，从个人方面来看，也有着很重要的影响因素，即对自我兴趣、性格、能力的认识以及对职业的认知等明显不足与滞后，等到高招报考院校及选专业时才临时抱佛脚，根据很少的信息、别人提供的点滴经验沉浸在一种职业想象之中作出决策，就像那位辞职女教师。

读了大学之后，很多学生依然稀里糊涂，谈不上对所学专业的喜爱与投入，很快三四年过去了，直到毕业还无法确定自己人生的目标定位，看不清人生的价值何在。

已经很长时间了，我们的基础教育评价太执着于考试成绩，以致中小学生少有机会去面对自我、发现自我、探讨未来和规划人生。学生缺失梦想，不清楚自己喜欢什么、擅长做什么，很少思考将来从事何种职业、自己想要成为一个什么样的人。他们的头脑里或许也有目标，但多是这次考试要拿多少分、多少名次，要考上什么学校……

学生头脑中充斥着这些短期目标、阶段目标，也就错失了思考学习的真正意义、思考人生的最佳机会，没有广阔的生命探索视野，就很容易陷入成长的迷茫中无法自拔。应该说，这是长期浸润于教育功利主义思想之中的教师带给学生的错误成长导向，师生实际上都被工具化了。

在专业成长的道路上，中小学教师同样需要理想高远，不被功利主义束缚住眼光与手脚，敢于对教育的缺失、弊端有所创新与突破。这是给学生成长以机会，同样也是给自己的发展以机会。就如四川成都新都一中的夏昆老师，作为高中教师，虽然不可避免地要和学生一起面对高考的压力，但是他愿意在帮助学生迎接高考之外，带给学生更多的学习体验与收获。他为学生开设诗歌鉴赏课、音乐鉴赏课之后，又启动了电影鉴赏课，学生在接受文艺熏陶之时，还看到了多种多样的人生样态，汲取到很多生活与成长智慧，对自己的未来、对生活方式有了更多更深的思索——这样的生命启迪是哪份考试卷能够给予的呢？

怎样启迪学生思考人生

教师激发学生构筑梦想、思考人生的意义与价值，远远超过激发学习动机和动力，是极为重要、影响深远的事情。我认为它实际操作起来，也并不复杂，不像一些教师想象的那样具有很高的难度系数，中小学教师，尤其是班主任也都可以有所作为，只要愿意多投入些时间和精力，至少能为高中时的职业生涯规划教育做好启蒙与奠基。

怎么做这件事呢？我有四点建议。

第一，讨论兴趣爱好、优点长处和短板不足，引导学生面对自己，认识自己，完善自己。"认识你自己""自知者明"，是先哲、圣人的教诲，也是人发掘潜能、自我超越的前提。教师应创造机会激励学生通过自我反思、互相评价等方式"重新发现自己"，树立和增强自信心，明确努力方向。这样的活动需要持续性、系统化，比如每学期做一次，不断地通过"回头看"，引导学生强化兴趣爱好、发展优点长处和弥补短板不足。这是基础教育最应该做的事。

美国宾夕法尼亚大学心理学副教授、美籍华人李惠安在其教育畅销书《坚毅》一书中提出了两个成长公式：天赋 × 努力 = 技能。技能 × 努力 = 成就。我再添加一个：成就 × 天时 = 成功。成长成功的公式很简单，却很有启迪性和激励性，教师要启迪学生，兴趣爱好和优点长处是难得的天赋，天赋不可埋没，要通过努力使之变成特长、优势、素养，最终成为自己幸福人生的源泉。

教师可以借助心理学教师的支持，引入一些科学的有趣的测量量表，增加学生探究自我的兴趣，同时创造多样的活动实践平台，以帮助学生更清晰地认识自己，锤炼磨砺自己，发展兴趣与优势，改善不足。

第二，讨论"追星"、偶像话题，提升理性。中小学生普遍喜欢娱乐明星、"网红"，甚至视之为"偶像"，在信息化商业化时代是正常现象，学生也需要通过这种方式缓解学习压力，构筑精神世界。教师需要做的是顺势引导，通过深入的讨论，把"追星"、迷恋偶像转换为更深地认识自我、更多地思考人生与未来的机会。

1. 引导学生反思自己喜欢某位明星的原因，讲出个一二三来，联系自身，更深刻地了解自己的兴趣爱好、审美趋向等，认知自己的独特个性。

2. 更多地去探究了解明星偶像成长发展的信息，讲讲能给自己的学习、成长哪些启发，自己会有哪些行动。

3. 引导学生理解一个事实——自己被明星偶像吸引，是人家工作成功的结果，思考并说说自己对职业的认识，自己喜欢什么工作或职业，等等。

第三，开展人物传记读书交流活动，汲取人生智慧。在学生具备一定的阅读理解能力后，精选适合学生的人物传记精品图书，组织学生阅读，并及时开展读书会，交流讨论收获。

投资大师查理·芒格在谈论人生经验时，讲自己受益于读书，其中一大部分是传记；梁启超先生也讲，"读名人传记，最能激发人志气，且于应事接物之智慧增长不少"。传记当中蕴藏着事业成功的经验与深切的人生感悟，读书中学生会有自悟，交流讨论中又能得到同伴思考的启迪，会让学生受益良多，对学习、对未来满怀憧憬，增添成长动力。

第四，做职业启蒙工作，引导学生讨论梦想，树立目标。现代人绝大多数是职场人，学生未来也都要走上职场，面对生存发展问题，一定要引导学生深刻认识这个生活真相、社会现实。教师特别是班主任可以开发好学生家长资源、社区资源，探索职业启蒙工作。

曾获得全国十佳班主任荣誉称号、现任杭州市春晖小学集团校长的田冰冰就特别擅长挖掘家长教育资源，她探索建构的"家校协作系统"中就有家长课程，而且收到非常好的教育成效。

在做好系统策划与充分沟通的基础上，班主任邀请各行各业的学生家长陆续登上讲台，给学生讲讲自己的职业内容和特点，以及工作当中的酸甜苦辣，再展现一下职业技能，接受学生的提问，等等，就能够带给学生关于职业与成长的启发。

学生的梦想大多与职业相关。有了这样的铺垫，学生再谈论梦想、理想，就会多几分脚踏实地，少一些好高骛远或不当回事、随即抛到脑后的"瞎说"。教师要激励学生，人生有着无限可能，但关键在于"想"和"做"的统一，理想远大还须不懈追求，才有实际意义。

启迪学生有梦想、追梦想，让梦想为人生导航的教育，会让学生受益终身。期待越来越多的教师能够看清中小学这个需要修补与升级的"bug"，在"抓分数"不松劲儿的同时，手段再"高明"一点——为学生创造谈论与思考人生、开启自我认知的机会与平台，将人生梦想的启迪、自我挑战的超越、多重责任的体悟等使学生终身受益的教育与激励学生提高分数结合起来，深刻影响学生的人生走向。

这样"引领人生"的教育，于学生个人、于社会进步都大有裨益。"引领人生"的教育，更是在引导学生开始学习自我管理、自我教育、自我领导，会开启学生成长的全新状态，"人格独立""自我价值实现""家国情怀""人类使命"等美好的东西也只可能在这样的教育中"生长"出来。

身教的智慧与勇气

多年前我在暑假即将结束时采访司清霞老师，出发时并不知道她四个月前遭遇一次车祸，导致左腿骨折。见面时司老师已放下了双拐，但还不能自如轻快地行走。采访期间，她不断接到学生和家长询问开学事务的电话，尽管是一贯的轻言细语，但从她接听电话的神态我感受到她的欣喜。新学期马上开学，"强制性休假"也快到期，对于喜欢讲台、全身心投入教学的老师而言，回到学生中间是最快乐的事。

司清霞与学生的关系非常好。在住院治疗和在家休养期间，周末是她最开心的时刻，因为总有学生来看望她，说班里的事。司清霞嘴上说"不要来了，别耽误学习"，可心里很期待见到学生。

司清霞能赢得学生喜爱和信赖，我总结最关键的原因，或者说司清霞做教师的特点就是"不装"，以真实的面目形象、真实的情感、真实的想法面对学生。她以自己的真诚、友善自然地面对学生，引领学生。

司清霞老师是一位以身作则，学生不觉间会去模仿的好老师。

首先，司清霞好学，爱读书。司清霞从小就对阅读有浓厚的兴趣。《红岩》

《林海雪原》等革命小说以及一些古典小说里的故事，带给了她无限的想象，也让她有了一个作家梦。小时候司清霞在新疆生活，生活条件艰苦，能读到的书不多，没有书读时，哪怕是见到一张有字的纸，都会拿过来看看。她认为自己能成为一个"还算可以"的老师，与爱读书的兴趣有很大关系。

其次，司清霞做事认真负责，工作勤奋投入。作为河南省英语学科的特级教师，司清霞对教材、知识点等早已经熟稔于心，但每个学期她和学生一样用崭新的教科书，"表明和学生一起学习的态度"，有时备课还要熬到深夜。不少同事不理解："您还备课？"她倒奇怪了："老师上课不备课会行？课本我是熟，但学生不一样，每个班级的情况也不一样，要求就不会一样，当然要有不同的教法。"

司清霞对教学的认真劲儿让同事和学生赞佩不已，很多人都把她视为榜样。她说做教师首要的就是细致备课，把课上好，学生喜欢、学得会，这样老师才可能有威信，赢得学生的信任和尊重。

有一年，学校组织教师乒乓球赛，不会打乒乓球的司清霞却报名参加了，还在班里隆重公布了消息。学生们都很兴奋，关注司老师能取得什么成绩。从那天起，司清霞就抽时间练球技。第一次参加比赛，她就取得了第三名，学生们都佩服得不得了，她趁机向学生发表了自己的"真心论"："一件事能不能做成功，关键在自己的决心和毅力，你只要真心愿意干，能力就不是问题，你一定能干得不错。"她以此事为例鼓励那些英语基础差的学生不要失去学习信心。

第三年的教师乒乓球比赛，司清霞终于打进决赛，与学校的体育教师对垒。在决胜局比分落后的情势下她扳回比分，夺得了冠军。在学生的簇拥和欢呼声中，司清霞走进班里又讲自己的获奖感言："我的球技不如体育老师，但是我发现她心理素质不如我。关键球我一得分，她阵脚就乱了。我趁机调整打法，又让她措手不及，就把比分追回来了。考场也是比赛场，比拼的是整体实力，其中包括心理素质，同学们要练心理素质，提高抗压能力，学会调整情绪和心态……"

环境能塑造人，引领学生成长，班级有好的风气至关重要，而教师、班主任的精气神及工作作风会为班风确定下"基态"。这是"社会认知学习理论"早已揭示的教育秘密，观察与模仿作为最直接、最快捷的学习方式，一直被人们自发地运用。比如，婴儿学习讲话就是依靠模仿。不仅是语言、行为、心理结构、心理倾向或者说人格、价值观，甚至于一个国家的政治经济和科技等发展，也可以模仿。

在一个班级当中，不同的学生会根据自己的心理、爱好和价值观取向等，迅速地判断、发现模仿对象，这是人认知与生存需求的本能驱使。那么，高明的教育者，就会有意识地根据教育目标树立明显突出的学习榜样。无疑，在学校和班级场域里，教师是学生关注度最高的人，教师本身理应成为最佳的学生学习榜样。所以，自古以来教师的"身教"一直被当作最重要的教育策略。

教师的身教是智慧，却也是极大的挑战，因为这是直面人性弱点的事情，有不小的难度。比如，我们都很难做到心口如一、言行如一、表里如一；因为利益的考量，也常难以做到处事公平公正，坚持正义。故而，身教也是教师的勇气。

不过，从另一个角度看，当一个教师能够有意识地注重身教，不仅教学相长，步入专业成长的快车道，更开启了自我"修身""修心"模式，让自己更优秀更卓越更成功，活成自己向往的样子。此外，"人生如戏，全靠演技"，以"本色出演"的心态对待生活和工作，做人做事，才不会背负额外的"假面具"的心理负担，更利于创造幸福人生。

我注意到一个情况，一些高中，甚至到了大学在讲学校理念或优势时，却还是"重视学生的习惯培养，重视激发学习兴趣"云云。这有些好笑，又让人忧心。学生的现实情况让学校的老师必须这样讲，这表明本来应该在幼儿园、义务教育阶段要做好的事情没有做到位、做扎实。

习惯养成方面，如会吃饭、会穿衣、会站立、会走路、会讲话、会交友、会学习等。这个"会"字之中大有讲究，有礼仪，有文化，有审美，有品质。

品质奠基方面，我认为友善、勤奋、负责这三种品质是一个优秀的人、成功的人的核心品质。

个性认知探索方面，创造学生自我认知、自我发现和自我锤炼的机会与平台，使得学生对自己的兴趣爱好、优点长处与能力短板等有充分认识，能够有意识地将兴趣爱好发展为特长，将优点长处发展为素养，尽力补上素养能力短板。

高中和大学阶段的教育需要聚焦于兴趣和特长发展、职业探索和社会责任，需要讲价值观、讲哲学思辨、讲专业创新、讲价值实现和价值提升……但前提一定得是学前教育阶段、义务教育阶段这三个方面的事情都做好了。

所以，中小学教师、班主任在学生的习惯养成、品质奠基和个性发展方面需要发挥出巨大的引领力或影响力，除了开发有针对性的培养课程和实践活动，还需要教师的身教。

我非常赞同北京师范大学肖川教授讲的，"美育，从教师的仪容开始；德育，从教师的言行开始"。引领学生的人生，教师得先把自己的生活、人生整得明白和利索了：自己不求上进、敷衍了事、马马虎虎，学生的状态也会松松垮垮；教师爱好读书、学识渊博，待人和善有礼，做事一丝不苟，作息锻炼规律，"身材有型，衣着有品"，成功或"露脸"的事情一件接一件，学生定会把老师当明星偶像一样去"追"、去模仿。

培养健全人格是第一位的

身为县城高中的一名教师、班主任，司清霞不讳言帮助学生考上理想的大学是自己的心愿、中心工作。借着聊天，她常启发学生去构想未来，思考想考哪所大学、将来想干啥，激发学生的学习动力。

司清霞的班上出过全省的"高考状元"，考上清华大学、北京大学的学生几十名，考上其他大学的学生数不胜数——按照民间流行的评价标准，一个农业县高中的教师能有这样的成绩的确不易，令人敬佩。不过，这种评价方法的弊端也显而易见，最不公平的就是教师在其他更有意义方面的付出和成就被忽略，加剧教育的功利化和异化。

有良知的教师会抵制被这种评价机制绑架，依然追随本心。司清霞以能帮助学生考上大学、改变人生之路为荣，但不把这视为攫取名利的手段。她一贯的主张是"成才之前先成人"，以自己的言传身教，引导学生感恩师友、努力上进、担当责任、与人为善、乐观坚强，"具有健全的人格"。

有一年，很多学生向司清霞反映语文老师"要求太严啦""上课没意思"，对老师有抵触情绪，甚至明里暗里对着干。在司清霞眼里，这位语文教师非常敬业，基本上属于为了工作"孩子不管，老公不要，有病硬扛"的"传统师德典型"。那几天这位老师患了中耳炎，半边脸都肿了，可她还在认真细致地批改学生的作文，标点符号错误、错别字都标了出来。司清霞让她赶紧停手上医院，可这位老师却坚持改完作文再说……

晚自习，司清霞来到教室，对学生说："今天晚上权当放假，不学习了，休息休息，咱们说说话。"师生开始聊天，从英语课慢慢说到了语文课，说到了语文教师，司清霞就给学生讲自己见到语文老师时的情形。她一点点引导，让学生发现语文老师的优点，讲怎么和老师相处，说着说着，学生都有所触动，一些女生流下了眼泪。

私下里司清霞又把学生的一些意见反馈给了语文老师，真诚地与她沟通，也把自己教学上吸引学生的一些妙招说给她。语文老师意识到自己的问题后，教学方法慢慢有了改变，学生理解了老师，也都不再与老师对着干了。师生关系和谐了，成绩的提高自然而然。

一个自称"有心理阴影"的学生对司清霞吐露实情，"我一二年级时，偷过同桌的钱"。司清霞开导之后，少年心头的阴霾不见了，又变得生龙活虎。

由于从小缺乏父母高质量的成长陪伴与及时管教，不少农村学生的性格、心理和行为习惯等方面出现了问题，司清霞在与学生相处中就像母亲一样关怀和教导他们，像资助生活费、给手机充话费的事情多到记不住，但学生都记在心里，学到身上。经常有学生给司清霞打电话，就为最后说一句"老师，我突然想您了，像想俺妈一样想……"这是让司清霞特别欣慰的事，每接到学生的一个电话，就像给自己"疗了伤，续了命"，一下子"满血复活"，动力十足。司清霞老师做到了教书育人双成功。

<u>"育人"是比"教书"难得多的事情，需要教师付出更多的心力，但育人成功才能使教师产生长久的职业幸福感。</u>何谓育人成功？老师们首先把这个问题弄清楚，才可能在育人中做正确的事。

育人的成功我认为在于促进、帮助学生具备健全的人格；健全的人格是指人真正像个"人"，具备"人"区别于禽兽的种种特质或基本品格。譬如孟子所讲，"无恻隐之心，非人也；无羞恶之心，非人也；无辞让之心，非人也；无是非之心，非人也"——人须仁、义、礼、智。

人格应是超越民族国家、宗教信仰，是人类社会普遍认可的、有益于促进人类社会不断走向文明进步的素养。学生人格的发展，根植于优秀传统文化和中华思想文明成果的滋养，也更需要从整个人类社会文明的高度来突破一些认知障碍和思想牢笼，如此才可能"健全"。

譬如，古希腊哲学家亚里士多德也提出："人在达到德性的完备时是一切动物中最出色的动物；但如果他一意孤行，目无法律和正义，他就成为一切禽兽中最恶劣的禽兽。"

西方现代哲学思想的奠基人之一，法国伟大的哲学家、杰出的数学家和物理学家笛卡儿说："理智和良知是唯一使我们人之所以为人并与动物有区别的东西，我相信它是完整地存在于个人身上的。"

现代西方人本主义先驱、法国著名数学家和哲学家帕斯卡尔也有一句关于人的名言：人脆弱得像一根芦苇，但人是一根能思维的芦苇，正是思想构成人的生存，形成人的伟大。瑞士心理学家卡尔·荣格也讲：由于具有思考的能力，人便得以迈出了动物界。

东西方先哲对人性或人的本质的精辟论述还有很多，虽然一些问题有争议，并无定论，但既有的超越时空的关于人最基本的共识能够启迪教师找准育人的方向。育人，也即德育，我认为关键有两件事：一是心理与精神建设，二是社会化。心理与精神建设，要促进与帮助学生形成积极的心理状态、阳光丰富的精神世界；社会化，则旨在引导与帮助学生在学校的学习生活实践当中，学会与他人及外部世界建立和谐关系，化解矛盾冲突，进而了解社会，熟悉基本的社会规范、法则与伦理，具备适应、融入社会的能力，发展出改良社会的意识和能力，等等。

在我看来，两件事要达成三个育人目标：

第一是善良的品质。人类学家的研究表明，人在进化当中"原始"的"道德感"，如对同伴友善、互相帮助、形成协作关系，对族群壮大、在竞争中胜出发挥出非常大的促进作用。有科学家的研究也发现，一些动物，主要是哺乳动物也具有一些与人类相似的行为特征，如友善、同情、保护弱者等。善良是美好人性的一大核心，人能够扶危济困、见义勇为，以及感恩、负责、互惠、合作等最终都可寻根于善良。大力培植学生的善念应是教师育人中的重要工作。哪怕学生不经意间表现出很小很小的善行，都值得大张旗鼓地赞扬；再就是要不断引导学生学会体察他人的情感与正当的利益诉求，发展共情能力，即懂得站在他人的立场或角度上思考问题，而不是只考虑自己。这样做，是为学生心田中善良的种子和幼苗播撒雨露阳光，让善良充满学生的心灵。

第二是自由与尊严的意识。学生之间有各种各样的差异，家庭财富有多有少，聪慧程度有高有低，行为习惯有好有坏，相貌身材有美有丑……但每个学生都首先有"人"的身份，他们都是独立的个体，也都有自己的意志，所以教师首先要给予学生"人"的尊重，并启迪学生明白，作为"人"，世间最高贵的生物，自带着保障我们在人格上平等的两样珍宝：一个是自由，一个是尊严。身为人，不能放弃对自由与尊严的追求、保护与捍卫。自由，意味着人不能接受被剥夺个人意志，但也不是可以随心所欲；尊严，意味着人的基本权利不可被漠视，但观点、行为并非不容置疑。到底何谓自由与尊严，教师一定要引导学生自己去思索和探究，发现其内涵，去追求真正的自由与尊严，让自由与尊严为人生发展导航。

第三是自我超越的心志。人类登上食物链的顶端，又创造出今天的文明成就，归根结底是人类进化发展出其他动物物种无法企及的智能，而且人类精英充分发挥运用了智能。智能体现出人的特质。教师要不断启发和激励学生，作为人，我们不能"暴殄天物"，充分运用智能，有所创造，才对得起人之天赋，体现出人之价值。

美国哈佛大学心理学家加德纳提出的"多元智能理论"为教师提供了一个非常有力的理论工具，支持教师更得力地激励与帮助学生认识自我、发掘潜能、自我超越。每个人最终都将消逝于时间长河之中，可人生仍是有意义和价值的，只要我们能够运用自己独特的智能，给他人及社会带来福祉。哲人尼采讲，人类的高贵在于自身有决定价值的能力，不需要别人同意，他懂得自己给事物以荣耀。教师要激励学生不仅认识自己作为人的权利，更应树立自我超越的心志，去实现自己的"人之高贵"。

其实，关于人类自身，还有很多很多未解之谜，故而对于学生成长，对于人格健全，每位教师尽可以有自己的理解与见解，进而形成自己独树一帜的追求与做法。我想，不管怎么做，当你把学生的人格健全放到第一位而且找到了培育核心，你就拥有了教育大智慧，会开创教育教学"势如破竹"的新局面，进入发展的新境界。

法则 15：乐观主义
——解读刘忠伟

瑞士心理学家卡尔·荣格曾说：你连想改变别人的念头都不要有。作为老师，要学习像太阳一样，只是发出光和热。每个人对阳光的反应不同，有人觉得刺眼，有人觉得温暖，有人甚至会躲开。种子破土发芽前没有任何迹象，那是因为还没到那个时间点。永远相信每个人都是自己的拯救者。

荣格先生这段话是不是揭示了教育与成长的一些秘密？

成长寄语：

做名师，更要做明师，在明理、明智、明术、明辨、明思中，让成长看得见。

刘忠伟

微档案

刘忠伟：河南省郑州航空港区慈航路小学校长。正高级教师，教育部新时代中小学名师名校长培育对象，首届河南省教书育人楷模，中原教学名师，中原名师，河南省特级教师，河南省首批基础教育专家，河南省首届数学教学指导委员会委员，河南省中小学教师教育专家，河南省教学标兵，第二届河南最具影响力教师，河南教育家书院研究员，教育部"国培计划"授课专家，河南师范大学、信阳师范大学等多所高校聘请的培训专家。《小学数学概念教学的十年探索》获得河南省教育厅基础教育教学成果一等奖。著有《名师的起跑线》等。

把乐观和热情带给学生

现代社会倡导人格平等、精神独立与思想自由，没有人有权利及义务去改变另一人的思想观念和在法律框架内的行为方式。而且，成年人的"三观"和生活习惯都已稳定，并不容易改变，若你将自己的某些看法强加于人，可能引发反感甚至冲突。我想，荣格先生对自己的学生想表达的可能是这个方面的提醒。

基础教育的情况有所不同。中小学生与老师在人格上平等，但"闻道有先后"，认知水平、人生经验等毕竟不如老师，需要老师的教导与引领，才不至于在成长道路上走弯路、走错路。教师教书育人，教导学生是神圣职责，对学生的思维方法、思想观念、行为习惯施加积极影响，"改变学生"才有工作业绩。

荣格先生讲的"你连想改变别人的念头都不要有"，并不适用于教师面对学生时的情境。学生表现出错误的价值观、审美观，以及不良的行为习惯，就需要教师及时管教引导，否则眼下的影响是会破坏班级和学校的学习秩序及成效，损害班风学风，长远的影响即学生可能形成反社会人格。

可荣格先生的提醒仍非常重要，是能使教师受益的教育方法论：在对学生的管理与教育中，教师的"一片好心"只有学生"懂得"，而且乐于接受，这才有意义有价值。荣格先生提醒老师对学生的管教不可"强势""直接"，与当下的教育生态是非常契合的。

如何理解荣格先生讲的"像太阳一样，只是发出光和热"？我有两点看法。

第一，教师，尤其是班主任，要做足做好面向全体学生的正面教育引导，比如把真正对学生一生的发展有益的教诲、指导，做成系列化的育人（发展）课程。基础教育阶段有系统性的思想品德发展国家课程，如《道德与法治》，但教师仍需要结合学生的成长现实需求做校本化、班级化的成长指导，为学生成长提供及时帮助，如化解成长困惑，释放心理压力，教给待人处事的正确方法，等等。另外，各个学校对于学生都有一些行动和行为管理规范，我认为，也需要一一为学生讲解清楚其背后的"道理"，促其心理和精神成长，这才会有"管理育人"的效果。

教育对学生应是公平公正的，每个学生都有平等地受到良好教育的机会。

第二，教师要做有"能量"的人，能为学生的心灵带来温暖和力量。怎样才能做到呢？教师自己做心理和精神建设，有意识地使自己成为一个乐观主义者。对教师的这个素养要求，也契合教育的本质追求或者让未来更美好的价值内涵。

乐观主义是一种积极乐观的思维方式或心智模式，它保障人生发展朝着理想的方向。思维方式或心智模式来源于自己对事物的认知，特别是根据自己以往的经验等归纳总结出的做事"规律"。发现或认识规律的好处在于遇到事情能够快速作出判断和决策，不用再深思熟虑——这是大脑的一种自动反应机制——少耗费能量，快速处理信息。因此，思维方式也是一种素养，可以通过深入学习、强化练习而获得或改变与重建。

建立积极乐观的思维方式，我认为有两个关键点：

1. 培育乐观心态。乐观心态是对未来怀有美好期待、想象和信心的思想态度，更通俗地说是凡事往"好"处和"宽"处想。乐观主义最明显的特征就表现在对待困难、处于逆境时的积极心态。

在工作和生活当中，教师可以通过自我暗示、自我对话等方式调整自己的心态，特别是遇到各种不顺之时，以这种方式为自己打气、鼓劲儿，调节自己的心绪。情绪稳定、趋好了，才能看到事物诸多因素或影响中有利的一面，增强信心，冷静决策，推动事情向好的方向发展演化。

情绪与心态会"传染"，在学生面前，教师很多时候就是"主心骨"，会左右班级"士气"、学生心态。教师乐观向上，学生感受到的就是老师的豁达自信、开朗宽容，以及自由宽松的氛围。这对于学生成长而言，是最适宜的条件或环境——学生有比较大的自主空间，个性舒展。在思想和价值观形成的关键期，学生对所处环境的观察和感受会为其世界观塑型、定调，他们今天被世界如何对待，明天他们将如何对待世界。

2. 建立主动习惯。乐观心态有了积极行动的"加持"，才不会是盲目乐观、唯心主义。师生相处中，或者对于学生发展，教师心态乐观，显现出极大的耐心和宽容精神，当然能受到学生欢迎，但必须有一系列扎实的积极行动跟上才是完整的教育。

比如，学生没有形成良好的学习生活习惯，学业成绩不佳，经常违反学校规则要求，做出错事和荒唐事，不断制造麻烦，是让教师很头疼的事。那么，优化改善这些学生的生活成长环境，使环境利于学生学习，以及好习惯代替坏习惯；发现学生的各种困难，给予帮助和指导；了解他们内心的渴求，尽力满足，而且激发他们更高层次的需求……这些事情老师积极主动地去做，辅以对学生美好的期待与鼓励，带给学生的感受一定是冬日里阳光般的温暖。学生除了得到有价值的成长指导，也能从教师的热情当中受到影响和教育。

做能让局面向好的事情，需要"积极主动"。积极主动，有着做让自己的良好意愿成为现实的主导者、控盘者之意；尽管很多时候、很多事情，我们无法主宰，但仍要有积极的行动力。有人认为，做事是不是积极主动、有没有热情，与性格有关，不易做到；其实不然，它更主要的是一种思想意识，进而可以成为一种习惯、一种"主动型人格"。

有很多精英，非常看重这种职业精神。其实，就是普通人，充满热情、做事主动的习惯也对自己的生活和事业大有裨益。教师需要以自己的热情和主动，推动学生也形成这样的好习惯及主动人格。

教师把乐观和热情带给学生，培养对人对事乐观热情的学生，契合教育的内涵要求。教师专业成长，我认为在职业精神、专业品质等方面的训练中，乐观心态加上主动习惯的"乐观主义"是方向。

乐观主义有助于教师的教育事业走向成功。它的积极影响是直接而深刻的，比如，教师持乐观主义，一定能够很快赢得学生的信赖和喜爱，建构和谐的师生关系。

2002年的诺贝尔经济学奖获得者之一、美国普林斯顿大学教授丹尼尔·卡内曼曾说："如果你能送给儿女一项能力，请认真考虑乐观主义。"

著有《打破墨菲定律》的美国心理学家塞格斯特伦提出，乐观可以通过练习而获得，成为稳定的信念或人格特征。对于练习乐观，研究者给出了建议，比如不断地获得和体验一个个小的成功，增强信心，坚持记录成功心得和内省，把自己畏惧的事情变成目标，等等。

可以发现，这与教师每天努力教给学生并引导学生要做的事是多么一致啊。

所以，成为乐观主义者，内生出掌控自己命运的力量，并积极地感染带动学生，让彼此都获得美妙的人生，是值得教师尝试和努力的大事。

以学生为镜，为学生而变

"人生没有白走的路，每一步都算数。""你的努力，终将会被看见！"

听到或读到这样的句子，有人会"嘿嘿"一乐，不屑地或暗暗在心里说一句"打鸡血""鸡汤"；但也一定有人会有共鸣和思考，从中汲取继续前行的力量。

刘忠伟属于后一种人。他不仅相信，而且还常向其他老师讲这样的话，因为自己的成长就验证了这些话，还从中发现成长真知：不"折腾"，就不可能成长突围；最清晰的足迹，一定是在泥泞的路上，就看你敢不敢选择那些不好走的、泥泞的路，能不能在这样的路上走下去。

人生好似打牌：命运只负责洗牌，而你自己才是出牌人。命运给刘忠伟发的牌"一般般",或者说,教育人生的路上,他一开始就被派到了一条泥泞的小路上。

1995年,刘忠伟从襄城县师范学校毕业后,回到乡里的初中任教。当时他17岁,而学校正面临着办不下去的危险,条件差得让人难以置信:土坯教室昏暗无比,窗户上的玻璃几乎掉完,课桌每一张都有大窟窿,黑板也是一块块掉漆,斑驳不堪……

走上讲台,刘忠伟极不自然,"腿直打哆嗦",因为班里有几位学生比自己的年龄还大,而且还有儿时的玩伴。而更让他恐慌的是课堂教学,尽管学的是师范,在学校时也成绩优秀。一天,学校领导听了他的课后啥也没讲,只是"摇了摇头",显然很不满意。这件事给刘忠伟很大的刺激,他暗下决心:一定要把课上好,做个"会上课"的好老师,让领导瞧得起,学生也能学得好,学得开心、高效、有用。

就是这样的朴素愿望、质朴之心开启了刘忠伟的专业成长之路。乡村学校能为教师成长提供的条件非常有限。偶尔读到一期《河南教育》,感觉很不错,想再读最新一期时,刘忠伟几乎跑遍全乡的学校去借;借到心仪已久的《给教师的建议》,他被深深吸引,两天就读完了。可借的书不多,刘忠伟就从微薄的工资中挤出来一部分自己买,如《黄爱华与智慧课堂》《魏书生文选》《走进新教育》《做最好的自己》,以及订阅《小学教学》《小学数学教育》等期刊。

渐渐地,他的床头、办公桌上书籍报刊堆满了,头脑中关于教学的想法也越来越多。思考驱动着刘忠伟开始写文章,这在当时的农村学校显得很"另类"。有人笑他"迂阔",有人说他"活得太累""折腾不出啥来"……对于这些议论,刘忠伟一笑了之,自己该干什么就干什么。

功夫不负有心人,持续钻研课堂,坚持读书和写反思,刘忠伟的教学水平不断提升,学生不仅喜欢他的数学课,成绩也越来越好。他的努力"被人看见"了。2002年,随着新课程改革的推进,教师专业成长开始得到重视,县里开始组织优质课大赛。消息传到乡里,刘忠伟第一个报名参加。

法则15:乐观主义

此后，刘忠伟几次参加县、市组织的优质课大赛，终于在 2008 年第二次参加许昌市的优质课大赛时夺得全市第一名，入围省优质课大赛，而且最后获得省赛一等奖。他的课堂得到更多同行的认可，成为学习效仿的榜样。参加高层次优质课大赛的磨炼，刘忠伟提升了教学设计和实施技能，锤炼了课堂语言，更关键的是训练出了服务学生学习的"学为中心"的教学意识。

像很多名师一样，刘忠伟的起点不高，却通过自己的不懈努力提升了学识，为自己赢得了更多的发展机会、更大的成长平台。到许昌学院为师范生开课，受邀到各地上示范课、做报告，担任活动评委。这些新任务又都推动着刘忠伟继续钻研教育教学问题，提炼总结实践经验和深度思考。他对教育教学、教师发展的认识越来越深入，甚至有了"通透"之感。

2018 年，刘忠伟出版了"中原名师教育思想与实践系列丛书"中的一部专著《名师的起跑线》。他提出，名师的核心不在"名"，而在"明"——明理、明智、明术、明辨、明思，提出了自己的教师专业成长见解。这本书我认真阅读了，很受教益，特别是刘忠伟用了很多篇幅讲教师对待学生、管教学生应有的态度和智慧。

教师之"明"或者教育智慧，很重要的部分是对师生定位、关系处理的认知与实践。刘忠伟心思细腻，从自己做学生时的一些经历、感受当中"提取"到了不少为师的原则方法，而且善于从学生那里接收引发自己教学反思的信息。

刘忠伟在书中记录了这样一件事：一位学生家长费了很大劲儿把孩子转到了一所名校，而且进了一位在当地很有名的老师的班，没有想到孩子的成绩却下降严重。家长批评孩子时，孩子情绪激动地说自己不喜欢现在的老师，还是喜欢原先学校的老师，说着说着泪流满面。看到孩子这样子，家长很吃惊——孩子现在的老师敬业、严谨、水平高，是公认的名师，没有想到孩子却不认可。家长把这个情况讲给刘忠伟后，引发了他的思考。他分析，不是孩子现在的老师不优秀，而是孩子和大人的视角、标准不一致，而且家长为孩子转学时没有征询孩子的意见，忽略了孩子的感受，导致孩子心理、情绪上产生了逆反，才影响了学习。

大人包括老师，不能把自己的标准、喜好、自己可以理解或接受的方法等强加给学生，这是刘忠伟多次在书中表达的一个观点。教育教学当中忽视漠视学生的感受的，不管初衷意愿多么好，大概率最终会失败。

刘忠伟刚任教时遇到一个上课时特别喜欢接老师话的学生。刘忠伟在讲台上说一句，他接着说下句，惹得其他同学都忍不住大笑；刘忠伟提出问题时，他抢着发言，却常常答非所问。打乱了课堂节奏，破坏了课堂气氛，刘忠伟很生气，就严禁这个学生在课堂上出声。后来这个学生给刘忠伟写了一个纸条：老师，请让我发言。看到这个纸条后，刘忠伟感到羞愧与自责，他反思自己带给学生的是粗暴的压制，而非教育，伤害到了学生。

还有一个带着"习惯差""不自觉""成绩太差"等标签的学生转学进了刘忠伟的班。光是"按时完成作业"这一问题，之前老师在这个学生身上用过批评、扣分、叫家长等严厉措施，但都没有作用。刘忠伟和蔼地与学生耐心交流后，学生说了心里话："我从没见老师对我笑过，我害怕老师乌云密布的脸，如果老师每天都能对我笑三次，让我做什么我都愿意。"

刘忠伟对这个学生没有像以前的老师那样"严格要求"，而是引导学生自己制订学习计划和目标。针对学生做事拖拉的情况，刘忠伟教学生一个方法——记录学习中每件事的计划时间和实际所用时间，每天晚上做总结。同时，刘忠伟指导学生家长做好配合——多发现孩子的进步，多鼓励，多给指导意见和提供帮助。

学生意志力不强、自我管理能力差，计划有时执行不力，刘忠伟不急躁，不放弃，总是和蔼而坚定地提醒他"底线和原则不能动"……这样做了一个月，孩子的作业质量和精神面貌有了很大进步，对学习也有了兴趣。

有一段时间刘忠伟发现班里学生特别沉迷于漫画书，对其他类型的书兴趣不大。为了弄清原因，除了与学生聊，他也借了几本漫画书来读，最后他有了结论：漫画书虽然文学性艺术性不强，但贴近这个年龄段学生的心理。针对漫画书质量良莠不齐的情况，刘忠伟就开始与学生一起读漫画书，读完一本就与学生开展讨论，说阅读收获，评论书的质量。这样的读书交流会开了几次之后，很多学生对于漫画书就有了判断力，对于如何选书、读书有了新认识，阅读视野开阔了。

教育教学活动实质是教师和学生之间的信息交互，所以就存在师生"调频"问题，否则信息交互难以进行。怎样"调频"呢？或者说师生之间以谁的"频率"为准呢？我认为，教师需要以学生的频率为准，将自己的频率调整至与学生相一致。为什么？第一，教师的理性与适应性要强于学生，教师"调频"的难度较低，可行性大；第二，教育教学以学生发展为本，学生是教师的教育服务对象，教师要为信息交互质量负责。

刘忠伟的学生，可以提前完成周末作业，周末"大解放"；课堂最后五分钟，学生可以向他提问……只要学生提出的学习建议合理，刘忠伟就按照他们的想法来，刘忠伟主动"调频"，保障了与学生信息交互的通畅，学生的很多合理需求得以满足后，高效接收老师的信息，不觉间也将自己的频率调整至与老师一致，成了"勤学生"。

刘忠伟的成长经验启迪老师们，教师专业成长"以学生为镜，为学生而变"，不仅可行，而且高效。多倾听学生的意见和心声，学生这面镜子会让教师更快更准地发现自己的不足、偏差；为学生而变化、创新，自己的课堂教学、教育方式方法将愈发受到学生喜爱和欢迎。教育的成功，是教师成长不竭的动力源，而学生成长带给教师的教育成功，没有指标限制，没有刚性标准，却最能滋养教师的心灵，带给教师可以长久回味的快乐。

悄悄地，让学生"遇见美好"

刘忠伟的教育角色在 2002 年发生了一次重大变化：他被调到半坡店小

学担任校长。他的好学上进、敬业进取赢得了上级领导的信任，因此要担当更大的责任。在半坡店小学，刘忠伟是教职工中年龄最小的——24岁；虽然担任校长，但学校老师不够，他除了做学校的行政管理工作、继续教数学课，语文、英语、音乐课也隔三岔五地教。

对于刘忠伟而言，与其说是当校长，不如说是带头干、领着干，教更多的课，更好地教课，刘忠伟阳光的心态和敬业的态度感染着每一位教师……专业成长的路上，他终于不再孤独。

生活当中，刘忠伟出现在哪里，哪里就会时常爆发出非常爽朗的笑声，这给了他十分开朗和乐观的"人设"。他的乐观，有性格的原因，更是有意识的心态追求和人格修炼。

朱永新教授的一句话"你的心里没有阳光，你的教育就不会辉煌"被刘忠伟当作座右铭，他时常提醒自己保持脸上的笑容、心中的阳光和行动的热情。

在半坡店小学两年多，学校面貌焕然一新，刘忠伟被调到王梦寺小学任校长；又是两年多，学校有了生机和变化，他再次被调到岗杨村小学任校长；2009年，刘忠伟被调入县城新建的文昌小学任副校长，主抓教学业务。

每次工作调动，不仅学生和老师不舍，村民和村干部也不断挽留，村干部甚至找到乡党委书记说情。因为刘忠伟的教育理念和行动让学校教学质量大幅度提升，学生懂礼貌了、好学了，老师们爱上读书、钻研课堂了。

校长的视角让刘忠伟对教育有了更多思考，能从更高处俯瞰教学，跳出考分的局限。他认为，教育教学一定要让学生在不经意间感受到美好，心灵受到触动，内心自然地生发出向上向善的力量。

有哪些美好呢？我从刘忠伟的教育当中归纳出几类。

第一，教师努力进取、自我超越的成长示范。刘忠伟对自己小时候的一位老师印象深刻，这位老师改掉教学语言毛病的事情让刘忠伟感受到了成长的美好，心灵受到震撼，对什么是好老师有了思考。

这位老师在课堂上喜欢说"哦"，就是有口头语，学生上课时的注意力都被老师连续不断的"哦"吸引了。下课后，学生在一起谈论最多的不是学习内容，而是老师讲"哦"的次数，看谁记得准确，看谁的"老师模仿秀"最传神。

这位老师发现这个情况之后，没对学生发火、严厉训斥，而是慢慢改变自己的讲话习惯。学生渐渐发现课堂上这位老师的"哦"越来越少了，都感到奇怪。直到有一天，有学生发现了老师的秘密——原来老师用录音机记录自己的讲话，然后回放，纠正，练习。这位老师用积极行动给刘忠伟和同学们上了非常精彩的一课：怎么改掉坏习惯，如何培养好习惯；只要用心和努力，成长与优秀不可阻挡。

在第五届河南省中小学班主任基本功展示活动上，来自焦作市第十一中学的侯佳佳老师展示了吉他弹唱的才艺，虽然技艺并不十分娴熟，却赢得了评委的赞赏。因为她练习弹吉他是与班里学生的一个约定——一起挑战惰性，实现自己的一个梦想。她学习吉他9个多月，克服了很多困难，带动很多学生积极行动，克服拖延症，养成自律自省的好习惯，实现了一个个目标，增强了自信心。

成长是一种美好。懂得"静悄悄"地向学生展现成长美好的老师，很智慧，这样的教育"无声"，却有力。

第二，学生的优点长处和点滴努力被看见。刘忠伟对于自己求学时代获得的一些奖状、奖品印象深刻，他想把那种受到鼓舞的感觉带给更多的学生。看电视时，央视《星光大道》一下子让他脑袋里"电闪雷鸣"：在班级里举办自己的"星光大道"，让每个学生都能展示风采！

在他的策划组织下，每月举行一次班级"星光大道"，那"大道"虽是教室里通往讲台的过道，却使学生的精神面貌焕然一新，还没有觉得"被教育"。激荡人心的场面震动着学生的心灵，他们说："我也要走一走'星光大道'，为什么同学行，我就不行？""走上讲台，感到特别喜悦，被同学瞩目让我更加自信，更有动力去改变自己。"

儿童青少年的一个心理特点就是内在的自我评价和认知调节机制未完整建立，特别在意外界看待自己的眼光和评价，渴望被老师、同学瞩目，渴望得到他人的赞美。教师为学生创造多元的评价系统，搭建展现风采的平台，对于学生而言就是一种美好，会为他们带来美妙的成长体验。

教师当然要重视激发学生的内在成长动机，发展学生的自我评价和认知调节能力，但对于人性当中渴望被认同、被赞美的本能需求，对于学生对外界评价敏感的心理发展阶段要尊重，在教育教学当中要不断思考激励学生方式方法的创新，把"瞩目""看见"的美好带给学生。

第三，学生遭遇困难、处于困境时老师的援手。刘忠伟曾教过一个"留守学生"，他的父母在外务工，一年也不一定回来一次，他跟着爷爷生活。缺失父母的关爱与有效沟通，造就了这个学生暴躁执拗的性格，他对学习不感兴趣，上课应付、下课惹事、作业不做是常态。有时候生气了，他还把课本和作业本撕得粉碎。

这天课间操结束后，刘忠伟发现这个学生非常着急地边走边往地上看，像在找什么东西，还眼泪汪汪的。这是刘忠伟第一次看到他流泪，就走过去问怎么回事。原来，他装在口袋里的一百元钱在课间操这段时间不知道什么时候在什么地方丢了。刘忠伟和学生在校园里找了一圈，也没有找到。这个学生家庭条件不好，这一百元可能就是他一个月的生活费。看孩子着急、无助的样子，刘忠伟没多想，就从钱包里拿出一百元递给他，嘱咐说钱如果找到了就还老师，找不到就吸取教训，今后把钱装好。

这个学生没有料到老师会这样做，受到很大触动。打这天起，他对待老师同学的态度有了变化。感受到了他的变化，周末刘忠伟就给他写了一封信，点评一周的表现，给予他期待，鼓励他，没想到学生也写回信了。这之后，刘忠伟就每周给这个学生写信，而学生也在回信里打开了心扉。感受到了温暖、关怀和鼓励，这个学生心态阳光起来，学习有了主动性，习惯也慢慢变好了。

学生不管是在生活还是在学习中遇到了困难，如果他主观上有突破困境的意愿，但仅靠个人的力量难以解决时，都会陷入深深的焦虑、无助之中。此刻，老师的支援、帮助，一定会让学生感到温暖和振奋。这个美好时刻会带

法则15：乐观主义

来教育契机，也能使学生在自己的深刻体验当中懂得这种美好的价值，能把温暖送给他人。

何谓教育？刘忠伟说"教育就是遇见美好"，所以"不要把学生与他们期待的美好事物隔绝开"。我赞同这个观点。教师对学生的教育只有触动心灵、滋养心灵，在学生的内心世界掀起了波澜，引发起思考、向往、畅想等积极的思维意识，建构价值观，才是有效的教育。美好的事物，特别是学生期待的美好事物，具有触动心灵、滋养心灵的力量，教师一定要让学生时常"遇见"——这便是教育的艺术。

关于"美好"，除了上面三类，我觉得还可以再增加一类："开阔学生眼界"，带给学生"这世界真广阔""原来有这么好玩的事情我都不知道""有这样的问题我都没有思考过"的美妙感受与震撼思考，使得学生能脱离俗常生活的眼光局限，"异想天开"。不管是从儿童青少年的"好奇"天性来讲，还是教育的使命来讲，这都是一种应然。

有人批评中国的教育太过功利，全都围绕"生存"二字展开，这种批评意见看问题相对精准，但现实问题当中总有现实的无奈，或者说是现实境遇制造了现实问题。我想说的一点是，堪称伟大的创新就是它解决了看似无法解决的问题；一个教师想高效成长，有志于成为卓越教师，就得有突破现实生活羁绊的勇气，有创造美好教育的志向。那么，带给学生开阔眼界的美好，人类文明瑰宝中丰富的文化、艺术、科学资源，足够你使用。信息时代，资源不会稀缺，稀缺的只会是"注意力"与"用心"。

这正如刘忠伟讲的，"让教育变得温暖和有力量，主动权在老师手中"。静悄悄地让学生"遇见美好"，学生一定能"希望满满""精神充盈"，迸发出蓬勃的生命成长动力。

法则 16：赋能学生
——解读杨卫平

"不找学生要分数，很少查学生作业，没有平时检测，与孩子深度交流，知道孩子所需，并给予其所需，让每一个孩子积极健康成长；成绩优异者有平常心，学困生不自卑，人人活出信心，班级就是一个家……在中国，这应该是教育的理想，还是荒诞与跑偏？"杨卫平老师在自己的微博上写出的这段话是个问句，但我认为她的内心其实早有答案，因为她让成绩优异的学生有了平常心，使学困生的内心也充满阳光……

成长寄语：

> 终身学习，蓬勃向上事业美好；
> 笑着为师，双向奔赴师生幸福。
>
> 杨卫平

微档案

　　杨卫平：郑州市第十九初级中学教师。正高级教师，全国优秀语文教师，全国知名班主任，首届河南省教书育人楷模，河南省特级教师，首届河南最具影响力班主任，河南省中小学班主任工作指导专委会委员，"国培计划""省培计划"授课专家，北京师范大学、华东师范大学等高校聘请的培训专家。著有《笑着做教师》《被学生感动的56个故事》《为课痴狂》《好老师教你做好父母》《我是老师，也是永远的孩子》等。

赋能学生的背后有什么

赋能，是近几年现代管理学中提出的新概念，简而言之，就是通过管理变革赋予员工能力能量，使之充分发挥才干和主观能动性，完成以前不可想象的任务、工作，整体提升组织效能。

商企管理中出现赋能的新理念新趋势，一个原因是管理层发现新生代员工有着与前辈截然不同的时代所雕琢的集体特征。比如自我意识、个人权利意识较强，敢说敢做，不忍不憋；思想开放，思维活跃，有独立见解和平等观念，工作中不愿意只听命服从。

实际上，这是随着社会进步，民众个体尊严、价值和权利意识觉醒的一种必然，我们的"新新人类学生"常常被老师吐槽"不听话""不好管"，很重要的原因是在这里。

相比于商企界，教育界更需要"赋能学生"的新思维。因为教育是面向未来和创造未来的事业，其本质就在于赋能，增长学生的才干，发掘学生的潜能，而且学生学习的组织单位——班级也需要激发活力与提升效能。

赋能，离不开给权力，给平台，给方向，给工具，给技术，等等。这些"给"的背后隐含着一个基础条件，即原先有着"管理与被管理、指导与听从关系"的双方建立起了互相信任的关系。这种明、暗两种条件都具备的情况之下，赋能才会真正实现，才会可持续。

教育并不只是为了考试和升学，每一位教师的爱心和责任心也都值得信赖，赋能学生的理念能使得一些高远的教育理想"落地"，成为现实。

如何才能赋能学生？赋能学生的力量怎样生发出来？从前面的分析中，我认为教师需要做好前提准备、实施方法等四个方面的事情。

第一,树立"民、权"精神,即民主精神与尊重儿童权利的思想意识。赋能学生,表面上是教师通过变革教育教学管理方式,给学生更多的锻炼实践机会,从而提升素养能力,实质上更深层次的目标是发展学生的主体意识与主动人格。所以,赋能学生不是简单的技术操作问题,教师的思想观念、行事风格会有决定性的影响。毕竟,当下学生想择校、择师还是有很大难度的,进了一所学校,遇见一位班主任和几位学科老师,几年时间的校园学习生活环境与境遇大体上就被老师"塑型"了。

如果教师有赋能学生、促进学生更好地发展的美好愿望,那就强化自己的"民、权"精神,不再有一丝操控学生的想法,在教学与管理当中有意识地多倾听学生的意见建议,那些涉及学生切身利益、事关学生成长发展的事务,不以出于方便学校和老师操作的原因而强加给学生,而是尽可能使每一个学生都能参与意见,实施之前达成普遍共识。这个过程中,学生锻炼的就不仅仅是思考问题、处理各类具体事务的能力,还将发展参与公共事务、敢于表达意见、维护自身权益等现代社会的公民素养。

比如,班级规则、课堂规则的制订完善,班干部团队建设、班级小组建设、班级文化建设、座位调整、学生评价、作业布置……班主任和学科教师若具备"民、权"精神,这些工作就会给学生很大的锻炼和创造空间。当然,这样做,受益的是学生,受累的会是老师——人多嘴杂,意见有时很难统一,事情做起来要比老师"乾纲独断"复杂很多、"效率"低很多。不过,教师应认识到,教育就是难的,而且这就是民主决策的特点,尊重每个学生的权利,尽力兼顾每个学生的意见,"效率"虽低,却能够取得最大范围的认同,保障实施过程顺畅无碍。

第二,增强信任与放手意识。赋能学生最重要的一个方法是教师授权,使学生有机会去锻炼和接受挑战。现实当中,不少教师做不到信任学生,不敢授权、放手,要么认为学生能力不足,自己不放心;要么之前有过尝试,但效果不佳,达不到自己的要求和标准,索性就放弃了。

受两千多年专制政治和儒家文化传统的深刻影响，国人的心理与性格整体上偏向保守、退让与隐忍。

而现代社会文明的建构和发展，一定离不开重建"超越性"的国民人格与文化。教师的工作看起来平凡，却担负着育人及塑造未来社会的双重使命，那么信任学生，在教育教学当中敢于放手，鼓励学生大胆尝试，自我展示，就超越了给学生机会和平台、赋能学生的前提性意义。

第三，担起指导和帮助责任。给机会、搭平台算是赋能学生的前提及第一步，第二步即老师要给予学生及时有效的指导和帮助，教方法，给技术，关键之处还要"下场"示范，手把手教，等等。

第11届河南最具智慧力班主任、华中师范大学附属息县高级中学教师齐丹，带第二届学生时授权班级各小组策划组织班级活动，给了学生不小的发展空间。学生们自己定主题、做课件、主持，内容从"脱口秀"到"音乐剧"，从"相声小品"到"超级模仿秀"，从班级版的"诗词大会"到"绿水青山看中国"……其他班级都非常羡慕，学生兴奋开心，在活动中得到锻炼，发展了兴趣爱好和能力。不过，齐丹后来通过反思发现了问题，即班级活动比较随意，主题缺乏整体规划，活动之后没有总结、引领，所以活动对班级建设、学生成长的影响有限。

齐丹老师坦言，自己放手其实有两大原因，一是还不大会策划组织班会和班级活动，再就是自己省心不少。齐丹老师很坦诚，我觉得有这种状态及想法的教师不会是少数。所以，自己想省心、偷懒的老师，缺乏思想力，不精通一些技能的老师，要有从观念到行动的转变，授权学生后，担当起指导和帮助学生的责任，否则不可能很好地赋能学生。

第四，思考"赋能学生什么"。"培养什么样的人"是教育的一个核心问题，思考"赋能学生什么"，能使教师形成更为具体清晰的育人目标。赋能学生之"能"，不仅仅是指素养之核心的"能力"，更有生命成长的"能量"，如品格、价值观等。

北京师范大学肖川教授在《教育的智慧与真情》中提出一个观点：基础教育要在学生的内心世界打下一个亮丽的底色，让学生形成快乐、开朗、积极、乐观的人生态度。他进而提出，基础教育之"基础"包括"快乐是心灵的阳光""终身学习的愿望、兴趣和能力""独立地面对世界的品质和能力""人类千百年来积累的基本经验和核心价值""与他人、自我、自然建立起积极的、建设性的关系"等。

肖川教授的见解能给教师赋能学生生命能量以很大启发，我将其概括为五种力——"快乐力""学习力""自我领导力""光明力"和"内省通联力"。学生若被老师赋能了这五种力量，学习就超越知识传授、考试分数的低价值追求。学生不仅当下拥有快乐的、可回味的童年生活，更能在未来创造自我的幸福生活，同时为社会文明、国家强盛贡献一份力量。

当然，这仅是一个参考。思考"赋能学生什么"，需要教师自己面对这个问题：现代社会，你认为一个人要生存、发展，以及要为社会创造价值，需要哪些关键的能力、素养、品质和品格？独立思考，列出几条，有机会再与志同道合者深入讨论，就能够为赋能学生找到方向。

比如，有语文教师认为学生口才好对发展有积极影响，就坚持在教学中多做一件事——课前三分钟演讲。每天的语文课前，学生轮流开讲三分钟，老师对所讲内容、演讲技能用心指导；几年下来，学生个个可以面对众人大大方方、言之有物、富有条理地表达思考，发表观点。赋能学生的不仅仅是好口才……

很多教师经常引用"亲其师，信其道"这句教育名言来表达和谐师生关系的重要，但实际上不少人弄错了逻辑关系，误解误用。"亲其师，信其道"出自《学记》，是讲老师教学安排得当，使学生学游兼顾、有张有弛，学习方式多样化，学习场景丰富化，这样学生就能"安其学而亲其师，乐其友而信其道"——学生学习兴趣盎然、特别投入，会自然地亲近老师；在与同学讨论学问时感到乐趣无穷，能深入理解所学之道，进而践行和遵从。

可见,"亲其师,信其道"是学生在学习当中体验到求知、成长的巨大快乐后的一个自然结果。那么,赋能学生也一定是如此。作为教师,你希望学生亲近你、认可你,除了倾入情感,关爱学生,要致力于创造更美好的教育,使得学生对学习、成长产生巨大的乐趣,乐此不疲地投入进去。如此,你一定能获得成功——不仅赋能学生成功,还有做幸福教师的成功。

心态情感同频,思想认知领航

杨卫平老师的专业成长起步于信阳市罗山县的一所农村小学。因教学用心、师生关系融洽,两年后她就创造了全县小学语文教师综合考评第一名的好成绩,被调入县城小学。在县城小学工作四年,她敬业爱岗,教学成绩突出,获评全县的优秀班主任和师德标兵。后来,杨卫平被调入信阳市的一所中学,成为全市唯一的有着小学教师职称的中学教师。

盛名之下就要担当更多的责任,一到中学,学校就交给杨卫平一个"特别的班"——临时组成的班:全班72个学生,均是开学半个月后,由同年级其他班主任"火眼金睛"确认不要的"熊孩子",抽烟喝酒的、打架的、偷东西的、旷课的,应有尽有,而愿意学习的,一个都没有。

这是个大挑战,但杨卫平将之视为机遇。怎么带班?她选择从深入了解学生,与学生真正沟通起来入手。虽然是个"路痴",典型的"出门不认路",但杨卫平白天上课、晚上做家访……功夫下到了,就有好效果:一年后,学生个个改掉坏习惯,对学习有了兴趣和信心,班级面貌焕然一新,各个方面都取得了让人刮目相看的成绩。

1998年,当年这个班的学生小董,参加了抗洪救灾,荣立二等功。小董因劳累过度而导致肺部积水,部队首长看望他,小董提出的唯一要求是给初中班主任杨老师打个电话，告诉她没给老师丢脸，没给河南人丢脸。

同年，杨卫平带的毕业班获评市优秀班集体，她的事迹上了报纸、电视；当时的《申城晚报》（后更名为《信阳晚报》）还为杨卫平开设了《教师手记》专栏，发表她的教育故事和教育思考。

2004年，全国中小学德育年会在信阳市召开，杨卫平作为优秀班主任在会上展示了自己策划组织的主题班会——懂你。班会旨在促进师生、亲子良好沟通，构建起家校合作的桥梁，形成多方助力德育的新态势。这节课因设计新、效果好，受到与会专家和代表的好评，课的精彩片段还上了中央电视台、河南电视台的新闻联播，引起不小的反响。

2005年暑期，杨卫平调入郑州市第十九初级中学，开启教育人生的新纪元，进入专业发展的新阶段，开始向全国知名的班主任、全国优秀语文教师起步。

在不同类型的学校，走进千差万别的班级，遇见性情禀赋习惯各异的学生，但杨卫平都做到了一点：学生喜欢她、信赖她，师生建立了非常亲密的关系，为优质教育奠定了坚实的基础。为什么她能做到？我认为与她坚持的两个教育信念有关。

第一个教育信念是"笑着做教师"。这是杨卫平在教学实践当中体悟出来的职业认知或原则。教师工作任务繁重、忙碌清贫，还时常遭遇各种不如意，所以抱怨、职业倦怠成为很多老师的常态。但杨卫平认为，一味抱怨没有用，不良情绪还会让局面变得更糟，"笑着做教师"，发现教育乐趣，是对现实更有力的一种"对抗"，是积极的应对与努力改变。

笑着做教师，还是指对待学生和学生家长的专业态度。学生是为了幸福而接受教育、获得成长的，与其板着面孔说教和训斥学生，不如笑对学生，把积极情感表达出去，带动影响学生的积极情绪，因为积极情绪之下才会有好的教育。

面对让自己满意的学生，老师自然会"笑开颜"，难的是笑着面对那些犯错的、让自己"难堪""着急上火"的学生。杨卫平修炼出来了这种素养、能力，其关键点是情绪管理和善于发现。她说："只要是孩子，都可爱着呢，但需要你发现。他有缺点，老师想办法帮助他改就是了。想办法帮助学生改掉缺点错误而不是只批评，是教育智慧。"

另外，很多学生的错其实也非常好笑，"好笑之处开怀大笑"，反而更利于学生自我改正、自我教育。杨卫平说："训斥，只会把孩子变笨，限制孩子的思维和探索的欲望，会使孩子畏首畏尾，不敢想，不敢说，不敢做。"

第二个教育信念是"教室里藏着美好人生"。杨卫平老师在给"河南班主任"微信公众号读者签名赠书时，写下这样一句赠言："每一间教室里都藏着一段美好人生。"这是信息极其丰富的"教育宣言"，也是能够给很多教师带来启示的教育理念。

教育是推动和创造幸福生活的事业，最终目的是要成就美好人生。美好人生，不只是指向未来，也包括当下的学习生活。教室孕育着学生的人生梦想与希望，所以需要充满美好的事物，激发学生的无限想象，而一个"藏着"，就突显着教师的价值。学生的美好人生，不是天然地、想当然地就在那里，需要学生去发现与自己创造，需要教师的启蒙点拨、加油助力和指导帮助。这也即为学生赋能。

这两大信念使得杨卫平的教学带给学生不一样的体验感受。比如"管得宽"、真诚地关心人，但脾气好，讲话还可乐招笑，从不着急上火，总是和蔼可亲的样子，以至于胆子大的学生敢和她开玩笑……学生可以直面称呼她"老杨"，而她也直呼学生"雅号"。做班主任时，杨卫平在班里设各学科的"作业监督员"，学生有权对过量的作业说"不"，她会出面与学科教师沟通。

杨卫平将自己的年龄"定格"在12岁至15岁。她的发型、眼镜款式都是学生帮忙定的，服饰是"讨好"学生的，款式特别"大胆"。"情绪稳定化，着装活泼化"是杨卫平给自己的要求，课堂教学管理及对学生的教育引导也在风趣的语言、多样好玩的方式中推进。

杨老师为什么要这样做呢？一个教师这样"迎合"学生，会不会"失去自我"？这个问题一度让我疑虑，但认真思考之后我释然了。

杨卫平也曾因为班级问题、学生问题而烦恼抑郁，甚至在密友面前痛哭，最终还是来自学生的安慰、信任与支持使她的内心重新敞亮，生发力量。今天这样做教师，是杨老师对教学实践经验进行总结反思、深思熟虑的结果。她的改变与做法，树立了学生立场，贴近了学生心理，能很快消除与学生的隔膜，赢得学生信任和支持。我在前面讲过，这是教师主动地实现心态、情感与学生"同频"的过程，是教育智慧，也是转变教育观念、重建新的教育价值观之后的教育生活方式。

杨老师这些做法的初衷、本心与她秉承的教育理念、教育价值观是一致的，而且她对自己的教育生活有着积极的自我认同感，每天都是快乐教学，对走进教室、与学生在一起充满期待，因此所谓"失去自我"问题根本就不存在。

杨卫平老师不以师道尊严压学生，倒把学生的面子、尊严和权利看得很重。尽管有考试成绩压力，但她不以成绩好赖给学生贴标签，不把学生分成三六九等，区别对待，自己的学生每一个都看到眼里、放到心上。

心灵上近了，杨卫平就以学生习惯的思维和行事方式来完成教育者的使命，为学生成长做好思想和认知的领航。

学生表现出来的成长问题、错误多种多样，但归纳后无外乎成绩差、不爱学，学习动机不明，学习动力不足；行为习惯不好，破坏纪律和秩序，自控力差；认知偏差，心理发展存在障碍缺陷或偏差；等等。问题出现的原因，大致是成长关键期缺乏父母的管教和关爱，逆反心理严重，沟通不畅不足，成长环境不佳，必需的成长支持不力，不懂交友之道，受到不良影响。

针对种种成长问题，杨卫平举重若轻，以赋能学生之心，分类施策，补足学生"负责、努力、坚毅、进取"的生命成长能量，辅以多种方法支持，使学生能够自我管理、自我约束、自我反思，完成自主发展。

杨卫平赋能学生的方法灵活多样，总体原则是在友好欢乐的氛围中提升学生的"思想力""认知力"，明确自己要在哪里用心、下劲儿，随后鼓励鼓励再鼓励，宽松的环境中，师生一起实现一个个成长目标。

比如，与学生"君子协定"，"吃'大餐'""看电影"……在丰富的、学生喜欢的生活场景中谈话、引导和激励，学生几乎都会喜欢上老师，丧失"对抗力"，提升"免疫力"和"成长力"。

"我是老师，也是永远的孩子！"这成为杨卫平追求的教学风格。孩子似的开怀大笑，孩子似的好奇惊讶。她自然地与学生学在一起、玩在一起、笑在一起，不知不觉间，学生被感染熏陶，也开始积极乐观，坚毅进取，善于求知，学会学习。

建构新型师生关系的九大策略

学生的美好人生会从教室启程；那么，教室何尝不是教师美好人生的创造之地？尤其对于青年教师而言，人生跑道基本选定，那么"美好"从何而来？我想，大概率要借力于朝夕相处的学生，因为教师的人生大半时光是要与学生一起填充内容。

今天的师德教育中，敬业爱岗、无私奉献仍是主流的核心的内容。这些当然重要，但我认为在师生关系当中，教师并不只是一个面向学生的时间、精力、知识文化和价值观等多个方面的奉献者；教师同样可以从工作岗位上、从学生那里收获很多，滋养自己的人生。

所以从这个视角看，师生关系在和谐、亲密等关键词之外，还应融入"共生共长、共乐共赢"等新内涵。教师专业成长，需要提升建设良好的师生关系的能力，而突显新内涵、新特征，能使师生关系建构更加顺畅，更契合新时代教师的发展诉求，让教育更有价值。

两千年前的《学记》中提出"教学相长"的理念，老师们都相当熟悉，但"共生共长、共乐共赢"有超越"教学相长"的意蕴：师生不仅构成成长共同体，一起创造学习成长的快乐时光，更要彼此成就，取得实绩，丰盈人生。

杨卫平老师是很好地践行了建构新型师生关系的一个典型案例：她与学生的关系亲密融洽，创造出很多打动人心的教育故事；她改变了很多学生的人生轨迹，自己也从学生那里汲取成长营养，成为幸福的教师、教育人生成功的教师。如果你读过她的几本教育专著，一定会对"共生共长，共乐共赢"的新型师生关系有更真切的体悟，获得很多有益的成长启示。

如何建构新型师生关系？杨卫平老师在她的讲座、专著中多有论述，我尝试着总结梳理杨老师的经验，提出"九大策略"。

1. 舍得投入时间和精力开展活动。活动首先是学生的机会和平台，这是不同于书本和考试的另一种形式的学习：运用所学知识，锻炼提升做事的能力，发现和发展兴趣特长，等等。学生很喜欢活动，因为它还是课堂学习压力的有效调剂，所以那些舍得投入时间和精力用于学生活动的老师，会受到欢迎。

活动的组织开展，还能有效促进师生之间、学生之间的相互了解，打破隔阂，促进沟通，增进感情和友谊，提升学生的合作意识和团队精神，等等。

杨卫平老师无论是做班主任，还是教语文课，都特别重视活动。以语文课为例，她领着学生开读书会活动，学生读书、分享、展示，开始了语言文字的学用实践活动。在学生的探索和建议下，班级还开通了专门的抖音号，传播读书会精华内容，增进了学生的参与兴趣。

活动的种类、形式很多，做系统规划、定目标并组织开展，做总结和提升指导，等等，是门大学问，值得班主任、学科教师去研究和实践。另外，2022年秋季开学，新修订的义务教育课程方案和课程标准（2022年版）开始实施，新课程突出了学科实践和综合学习，其实质也是活动。可见，活动要成为新的教学方式，组织开展活动是必须做的工作。与其被动地做，不如主动地做，请学生为活动出主意提建议，让学生做主角，效果更佳。

2. 为优化学生情绪做足准备。不管是课堂教学，还是处理班级事务、学生问题，情绪作为一种"背景"，都非常重要：学生情绪高涨，注意力集中，学习效率会高；大家情绪好，氛围轻松欢快，沟通效果事半功倍……一次交流中，河南师范大学外国语学院的王彩琴教授说，"起死回生"应是教师的一项基本功，讲的就是教师要能够随机应变，通过有效的互动激活课堂气氛，改变沟通现场沉闷氛围。

面对学生，幽默风趣、有趣好玩的老师，或者说善于优化学生情绪的老师更受欢迎，更易赢得学生的好感。有教师认为，是不是幽默风趣受性格影响很大，有道理，但不全面，我认为，与教师是不是用心，是不是做足准备更有关系。

教师是"吃开口饭的"，一定要锤炼口才，锤炼随机应变、优化情绪、营造氛围的本领。怎么做呢？朗诵，演讲，积攒有趣的高明"段子"、有内涵的故事，多多练习。性格外向的老师，努力做高明的"段子手"，性格内向、严肃严谨的老师，讲笑话似乎与性格不搭，那就讲"内涵故事"，一样可以达到好效果。总之，方法很多，牢记"优化学生情绪"的法则，结合实际，做足准备，随时调用。

另外，善于优化学生情绪，是"高情商"的表现。教师做表率和示范，引导学生也做"高情商"之人，善于体察自己和他人的情绪，善于"情绪管理"，达成情绪与环境的和谐。

3. 成立学科学习研究组织。现在中小学普遍都实行了班级小组制、学科代表制等，但杨卫平老师又往前拓展了一步，她把原先的一个科代表发展成为三四个学生，组建学科代表小组，以及"学法研究会"等学生学习组织。

在她指导下，学科代表小组除了负责收发作业，还要负责本学科的学习指导，让全班学生共同学习进步，如策划组织学科探究性实践活动，帮助学困生查漏补缺、作业辅导，等等。"学法研究会"研究学习方法，拓展思维，比如理科"探究一题多解"，文科"探索多元解读"等，有了研究成果就向全班发布。

学生学习组织成为班主任和学科教师的有力帮手，全班同学真正成为有协同力、执行力的成长团队，师生"共生共长，共乐共赢"有了组织保障。

4. 与学生一起规律性地参加体育运动。关系产生于接触，加深于互动交流。建构良好的师生关系，教师必须多与学生接触，进行高质量的交流，而规律地与学生一起参加体育运动是个好方法。杨卫平老师虽然腿脚不大灵便，但坚持与学生一起跑操，做学生各种体育比赛的啦啦队员。

体育运动有娱乐性，师生都会心情愉悦放松，有了这个前提，沟通交流一般会很顺畅，而伴随着规律性地、持续地一起参加体育锻炼，师生沟通深入，信任感会随之建立。很重要的一点，教师自身也有锻炼身体的内在需求，主动参与学生的体育运动，或者主动邀请学生一起锻炼，做学生表率，一举多得。

郑州市第二高级中学的孙志刚老师曾遭遇一个问题学生：他对班主任有误解，一直和班主任对着干，还常威胁家长说"自己不想活了"……年轻的班主任和家长都急得没办法，求助孙志刚。

面对这个学生，孙志刚没直接介入，而是先从侧面了解情况，得知他没几个朋友但特别爱打羽毛球，于是每周课外活动，孙志刚就约学生痛快地打一场羽毛球。其间，两人很自然地聊到班级、老师和学习……就这样，没有郑重其事的教育，一段时间后在"好球友孙老师"的"无意"点拨下，这个学生自己"开窍"了，一改以前的"油盐不进"，懂事了，好学了，高考还取得了理想的成绩。

5. 对学生常表扬，会表扬，花样表扬。希望得到赞美、得到关注和正向评价，是根植于人性的内在需求，是存在感、成就感、价值感的来源，而我们的学生获得的这一精神成长力量支持远远不足。有老师担心表扬太多，学生"翘尾巴";有老师发现,自己不断表扬、激励,可效果一般……表扬、激励学生,出现低效、无效甚至反效果的情况,是方法不当造成的,比如"德西效应"。所以,对于如何表扬、激励,也得开展研究,正确运用心理学知识,从实践中提炼出"表扬学真知"。

杨卫平提出,表扬学生要懂得"三要"和"三忌"。"三要"是要指向具体、要言之有物、要态度诚恳;"三忌",即忌敷衍、忌浮夸、忌空洞。这是很精辟的表扬原则,当然并不全面,还可以继续补充完善。

原则恒定,但表扬、激励学生的方法则需要不断创新,这才与学生的心理特点相适应。教师要研究学生的热烈议题、有兴趣的事物等,从中寻找表扬激励的灵感,因为表扬、激励也是优化学生情绪的一个方法。

一天早晨走进教室,杨卫平发现卫生状况特别好,就热情地说:"今天哪一组值日呀?真干净!请离开座位,在走道上走一圈。"被表扬的小组学生就像明星走红毯一样,笑容满面,挥手致意,小伙伴为他们鼓掌。一下子,教室气氛活跃了,学生情绪高涨,内心愿意把教室卫生做得细致到位,一节课也上得顺畅舒心。

6. 把惩戒做出欢笑声,充满教育智慧。相对于表扬、激励,批评、惩罚也是教育当中不可缺少的管理方法,比如学生做错了事,引发了一定后果,总不能继续表扬吧?其目标是引导学生矫正错误的、不当的行为,建立正确的是非观等认知,提升自我约束和管理能力,并消除反向示范的消极影响。

不过,学生出错违纪等,很多时候是由于认知偏差、自律性差、大意失误,这恰是教育不足不力的缘故,所以批评、惩戒虽不可少,却应突出宽容关爱、尊重人格、推动自省等教育精神。

学生行为失当,杨卫平也会批评,但从不声色俱厉地呵斥,都是语气柔和、带点幽默地提醒点拨,学生不尴尬、不闹情绪,也不耽误学习。事情过后,再亲切地与学生交流一番,讲明不当行为可能造成的后果,再听听学生的想法,等等。这样的批评,学生能接受,更能体会到老师的善意和帮助。

7. 不把成绩挂在嘴上。这是杨卫平老师的自我要求，体现着全面育人、赋能学生的理念。对学生讲话、与学生交流，是教师每天都要做的事，如果教师自我要求"不把成绩挂在嘴上"，势必得思考"那我每天和学生交流什么"的问题，而且还要讲得让学生爱听、听进心里去。能做到这一点，师生关系会有一个新开端。

怎么做到"不把成绩挂在嘴上"？从这句话的内涵和外延找思路吧！它隐含着多元智能视角、欣赏和发展的眼光、信任及宽容的心态。

8. 关注到每一个学生。这实际上已经不仅仅是建构良好师生关系的一个策略了，它涉及教育公平，涉及责任心及师德。如果一个教师关注不到教室里的每一个学生，甚至遗忘和轻易放弃了某些学生，除了用功利、不用心、冷漠来解释，找不到其他原因，这样的教师需要反省自己是否具备基本的教育精神。

在有些地方的某些学校，可能会违规出现一些大班额的情况，教师工作量确实很大，但关注到每一个学生，仍不是特别难做到的事情，稍微动点脑筋，如运用一些简单的排列组合技术就能实现。我这样讲，还有一个原因：绝大多数学生其实对老师的关注要求或期待标准并不高——一次谈话，一次真诚的表扬鼓励，微笑着喊出他的名字，等等，就会让学生的心灵得到慰藉。

在2022年河南班主任智慧书院的暑期研修中，郑州外国语学校的马光辉老师分享了一个案例：他接手一个高二班级后发现有个女生很自卑，甚至出现抑郁症和自杀倾向。了解后得知有家庭重男轻女的原因，而女生也说高一读了一年，老师连她叫什么都不知道……在马老师的积极关注下，经过耐心开导、不断鼓励和心理辅导，这个女生心理阳光了、身体健康了，高三时学习成绩突飞猛进，出人意料地考入了名牌大学。

马老师说，太多的所谓后进生渴望被老师和家长"看到"，哪怕老师一句"今天你把黑板擦得真干净，老师感谢你"的公开表扬，都能让学生开心好几天！如何关注到每一个学生？马老师讲得非常清楚。

9. 与学生共同完成一件"惊天动地"的事。杨卫平老师以自己的教师生涯经验提醒老师们,不想做平庸的教师,就不能放弃自我濡养。

从师生关系这个维度来审视,教师自我濡养,除了提升知识文化层面的学养,更多的是能提升人格魅力,自然地吸引带动学生成长。当然,这离不开提升与人相处沟通、说理说服、心理辅导等技能,修炼耐性,转变心态,提高情商,等等。

相比单纯的读书学习、培训充电,在做具体的事情中教师自我修炼会更高效。我建议,教师要立志与学生共同完成一件"惊天动地"的事,就如杨卫平老师与学生有写有画,出版《我是老师,也是永远的孩子》一样。

比如,领着全班同学排演一个剧目,在学校汇报演出;与学生一起举办一个书画展;和学生一起读诗、研诗、写诗,出版一本关于诗的专著;发动学生运用所学知识,与老师共同创作科普故事,完成一部科普小说集……只要教师有了这一信念,结合自己及学生的兴趣特长及实际需求,就可以有很多创意,在创造出让人惊叹的成果的同时,师生也将真切体会到自己的成长。

与学生共同完成一件"惊天动地"的事,也契合教育家陶行知先生倡导的"教学做合一"理念,值得教师去尝试。"惊天动地"当然是夸张的噱头,但这件事一定要有意义、有价值;师生做得理想、出色,就会产生巨大影响,引人关注,成长的成就感、教育的幸福感就在其中。

教师自己有想法,成长路上明确一些具体目标,现身说法,更能激发学生的梦想和进取心。在确定做什么事情时,尽可能多地让学生参与——这不仅是获得历练的机会,更是师生之间多一重生命连接的机会。

行走在人世间,我们遇到无数人,认识很多人,但生命力量有交融、有同一方向的,思想碰撞并能获得回应的,并不会太多。我觉得一定要珍惜这些人,因为我们的生命、生活状态不经意间将受他们的影响,甚至是与他们一起塑造。他们是我们生命创造的合伙人。

<u>中小学教师有幸与一群群最具生命活力、成长能量满满的儿童青少年发</u>

生生命的交集。孩子们不完美，但生命蓬勃向上的本能力量却能够给教师的心灵以滋养。儿童幼稚、单纯与好奇，少年简单、莽撞与叛逆，却可以治愈很多成年之"病"。只要教师用心发现孩子们生命力量的出口与走向，在引导这股力量之时，做一些自我观照，心灵力源也会随之共振而激活，为教育人生蓄添能量。

今天，生命的意义和权利得以关注，每一个个体可以在创造价值中崛起，于是成长、创造价值成为一个社会议题。这是时代发展带来的巨大进步。教师每天忙碌的就是助推成长的事业，洞察这一时代趋势，将能更深刻地把握新型师生关系的本质。师生有着共同的成长诉求，教师淡化师者身份或角色，突出师生在成长共同体中的合作与相互支持关系，让学生不再被动成长，是对学生更高层级的成长助力。

智者见于未萌。能看到趋势、顺势而为的是智者。有智慧的教师，成长会高效，也一定能创造出更大的教育价值，成为有光环的明星教师。